影视传媒类专业"十四五"规划教材

/第二版/

电视节目导播实用教程

刘少鹏　谢力健 ◎ 著

中国传媒大学出版社

·北京·

图书在版编目(CIP)数据

电视节目导播实用教程 / 刘少鹏,谢力健著. -- 2 版. -- 北京 : 中国传媒大学出版社, 2023.4（2025.3 重印）
影视传媒类专业“十四五”规划教材
ISBN 978-7-5657-3186-0

Ⅰ. ①电… Ⅱ. ①刘… ②谢… Ⅲ. ①电视工作—播送业务—高等学校—教材 Ⅳ. ①G222

中国版本图书馆 CIP 数据核字(2022)第 050224 号

电视节目导播实用教程(第二版)
DIANSHI JIEMU DAOBO SHIYONG JIAOCHENG(DI-ER BAN)

著　　者	刘少鹏　谢力健
责任编辑	张　笛　赵　欣
封面设计	拓美设计
责任印制	李志鹏
出版发行	中国传媒大学出版社
社　　址	北京市朝阳区定福庄东街 1 号　　**邮　　编** 100024
电　　话	86-10-65450528　65450532　　**传　　真** 65779405
网　　址	http://cucp.cuc.edu.cn
经　　销	全国新华书店
印　　刷	北京中科印刷有限公司
开　　本	787mm×1092mm　1/16
印　　张	12.5
字　　数	240 千字
版　　次	2023 年 4 月第 2 版
印　　次	2025 年 3 月第 2 次印刷
书　　号	ISBN 978-7-5657-3186-0　　**定　　价** 49.80 元

本社法律顾问：北京嘉润律师事务所　郭建平

第二版修订说明

本书系《电视节目导播实用教程》修订再版，第一版自2014年出版以来，多次重印，受到广大读者的肯定与欢迎。

在党的二十大报告中，习近平总书记指出："教育、科技、人才是全面建设社会主义现代化国家的基础性、战略性支撑。必须坚持科技是第一生产力、人才是第一资源、创新是第一动力，深入实施科教兴国战略、人才强国战略、创新驱动发展战略，开辟发展新领域新赛道，不断塑造发展新动能新优势。""我们要坚持教育优先发展、科技自立自强、人才引领驱动，加快建设教育强国、科技强国、人才强国，坚持为党育人、为国育才，全面提高人才自主培养质量，着力造就拔尖创新人才，聚天下英才而用之。"

根据习近平总书记的报告精神和近年来中国教育的变化与发展情况，我们认为本书应该进一步完善，在内容上与时俱进，以更好地服务于电视节目导播学习者，尽量使读者能够零基础上手，同时对有一定基础的读者给予更科学、更精准的专业指导。

本书在保持第一版风格的基础上，着重从以下四个方面进行修订：

第一，与学习者的实际状况相衔接。针对近年来的读者反馈和我们在一线教学中遇到的实际情况，本书在修订时加入了更多的专业注释与更加通俗易懂的文字说明，力求让广大零基础的学习者能够更好、更快地理解与上手。

第二，与其他专业相衔接，与实践相结合。众所周知，电视节目导播工作是一项综合性的多专业知识相结合的工作，尤其是在全媒体融合发展的今天，它要求导播不仅具有电视制作方面的专业知识，还要对艺术学、美学、新媒体等有一定了解，因此第二版新增了其他相关专业的学习内容，并且着重增加了实践课程的指导，能够有效提高学习者的动手能力。

第三，根据电视节目导播近年来的实际工作情况，第二版新增了摇臂、轨道机器人等与导播工作直接相关的新型设备介绍和讲解。

第四，第二版采用新的版式设计，力求图文并茂、准确生动，以降低读者的学习难度并增加读者学习的兴趣。

总体而言，我们秉持着使教材更富实操性、更加通俗易懂、更有生命力的初心进行修订工作，希望继续得到读者的肯定。

这里，对给予本书悉心指导和帮助、使修订工作顺利完成的中国传媒大学出版社的张笛编辑表示诚挚的感谢！

作者

2023年4月

第一版前言

在我国经济飞速发展的今天，人们对精神文化生活方面的需求在不断增长。单就影视文化而论，随着人们物质生活越来越丰富，影视文化产业得到了空前的发展，影视文化如今成了人们生活不可或缺的一部分。随之而来的是从事广播影视文化工作的队伍日趋庞大，由此派生出了许多相关专业，如前期拍摄、后期剪辑、节目策划、广告营销……其中，电视节目导播就是这支队伍中的一个重要组成部分。从一定意义上来说，导播和导演类似，均是各自担负和指导一个团队工作，都离不开团队的支持与配合。

目前，国内相关高校在培养广播电视专业人才方面，相关专业的建设和专业课程设置已经基本健全和完善，但是唯独没有设立独立的导播专业，只是在电视节目编导、电视节目制作、电视摄像等相近专业中开设了这门课程。到目前为止，导播尚未形成独立的学科。导播早期产生于有经验的导演、电视编导、摄像师、电视节目制作等这些特殊人群之中，严格意义上说，导播不是一个独立存在的个体，从始至终需要一个团队的支持与配合。这个团队的专业综合性很强，主要由前期、后期、录音、灯光等专业技术人员组成。随着电视媒体产业的快速发展，多信道制作模式（EFP）在各种类型的电视节目制作中越来越显现出其优越性。同时因电视节目的大量涌现，其内部的分工亦越来越细化、量化和专业化。如此一来，更加彰显出导播一职在媒体内部所起到的核心作用。所以，学习前期拍摄和后期剪辑以及电视节目编导专业的学生，有必要学习一定课时量的导播课程。这样，既可为将来有机会直接从事导播工作打下基础，也可为加入导播团队工作积累相关专业知识。

目前，有一个现象应该引起相关高校的关注：在国内传媒领域从事导演和导播这两种职业的群体，从人数上来说，从事导播工作的人数已接近从事导演工作的人数。而且，从发展速度和前景来说，后者大有赶超前者之势。然而国内相关高校在培养目标体系上，后者目前尚处于空白状态！也就是说，导演学科比比皆是，导播学科校校皆无。相信在不久的将来，导播学科的这种困局会得到改变。

我们学院每年都有几十台（次）的各类演出活动，基本上都采用多信道方式完成现场制作。由于学院的导播团队基本是由学生组成的，所以团队成员一年一换。多年的导播教学经验让我们深深体会到：凡参加EFP团队合作的学生必须先期学习导播课程，才可以比较轻松和完美地配合导播进行工作。经验也提醒我们，学习摄影摄像、节目制作、电视编导专业的学生毕业后，都有从事导播或参与导播团队工作的机会，因此开设导播课程完全有其必要性。我院每学年都要组建一到两个这样的实习团队，一般是在大三组建。在老师的带领和指导下，学生会系统地学习导播课程，参与完成针对性很强的导播实践工作，并利用学校的演出舞台这个平台进行大量的节目导播实践活动。实践证明，这种周而复始的教学模式很有效果。

令人欣喜的是，现在已有相关学校的电视编导、电视节目制作、摄影摄像等专业开设了电视导播课程。2007年起，国内相继出版了一些教材。本人在教学中参考了相关教材，并结合平时组织导播团队（以学生为主）进行大量舞台节目导播工作的经验、教学的实际需要，侧重于对导播设备的使用和操控能力以及镜头调度方面学习的角度，撰写了此教材，供从事导播团队工作的专业人员以及学习电视编导、电视节目制作等专业的大学本、专科生参考。

本教材注重实践操作能力的培养，力求与教育部即将推行的高等学校职业教育改革的目标接轨。内容安排上将较大的篇幅放在实践操作应用方面，以利于培养学生在常见的、不复杂的、可移动的导播设备条件下的团队合作和个人动手能力。

本教材在编写过程中，得到了湖南大众传媒职业技术学院劳光辉教授、中国传媒大学出版社蔡开松编辑的大力支持和精心指导；得到了湖南艺术职业学院余会春副院长、周文清副院长、谈大双副教授、王利元老师的无私帮助，在此一一深表感谢。

书中难免存在不足与错误，恳请广大读者批评指正。

作者

2014年8月

目 录 Contents

第一章　导播与导播团队

本章重点：

1. 了解有关导播的基本概念、内涵以及我国导播的产生过程；

2. 了解导播工作的实质，形成对导播的初步认识；

3. 掌握多信道电视制作模式的 EFP 理念；

4. 了解导播团队的主要组成以及团队成员的任务分工，懂得团队成员合作的重要性；

5. 加深对导播职业素养的正确理解，明确导播职业素养的重要性和必要性。

第一节　导播概述

一、导播的概念

关于导播的概念，学术界有多种看法。中国传媒大学郑月教授认为，“导播是一个工种、岗位的名称”“导播是一个具有独特工种性质的人”，并且从四个方面进行了说明。[①]

云南大学薛文宏教授认为：“导播来源于导演一词……现在通常意义上的电视导播是负责电视节目的现场制作阶段的现场编辑，也就是电子现场制作，即电

① 郑月. 电视节目导播［M］. 北京：中国传媒大学出版社，2007：1.

子演播室制作的现场编辑。”[①]

以上两位学者从不同的角度对导播进行了诠释，是从广义上对导播这一角色的完整描述，应该说十分到位。

综合二位学者的提法，结合导播服务的对象是电视荧屏前的观众这一特定群体，从电视观众这一客观角度出发，本书认为：导播是一位引导节目现场以外的电视观众通过荧屏接受其思维意志（艺术思维）和行为意志（技术手段）的即时电视制作人。

之所以如此说，是因为导播的服务对象是电视观众。也就是说，导播是为节目现场之外的电视观众服务的人。对于在节目现场的观众来说，观看节目的意志只受现场节目进程的影响，而不受电视导播的影响，是完全自主地观看。但是不在节目现场的荧屏前的观众不可能根据自己的视觉意识观看节目的方方面面，只能被动地观看电视荧屏展示的节目，也就是荧屏前的观众看到的节目从头到尾都是导播个人的思维意志和行为意志的结果。所以说，导播是一位引导节目现场以外的电视观众接受其思维意志（艺术思维）和行为意志（技术手段）的即时电视制作人。从这个意义上来说，导播带有一定的、没有选择的“强制性”。

电视媒体导播通常有两种类型：职业导播和节目导播。前者是传统意义上的全能型导播，由于长期的锻炼，可以胜任各种节目的导播工作；后者是专门从事某一特定类型节目导播工作的导播，所以叫“节目导播”。

二、导播的产生

关于国内电视媒体领域导播行业的发展过程，可以回溯到20世纪80年代末90年代初。在这一时期，我国的电视事业得到前所未有的快速发展。由于节目制作的需要，衍生出导播一职。毫无疑问，站在当时的观众角度来说，导播工作充满神秘色彩，走上导播岗位的人自然也被神秘化了。其实，那个时候的导播可能是导演自己兼任，可能是资格较老的摄像师担纲，也可能由资深的剪辑师出马。后来慢慢地，才有专门学习编导的人做导播，或者电视台安排专业能力较全面的人出去学习提升，回来担任导播，又或者师傅带徒弟的模式。这种局面维持

---

① 薛文宏. 电视导播［M］. 昆明：云南大学出版社，2007：3.

了相当长一段时间，直到20世纪末21世纪初，国内的导播行业才逐渐走上正轨，朝着职业化方向发展。这就是我国电视导播产生的过程。

第二节　导播团队的组成与分工

无论节目是直播还是录播，只要存在导播过程，那么在现场工作的就不是导播一个人，必定是一个团队，而且是一个分工细致、配合完善、技术全面的团队。在任何情况下，导播都不能独自完成一台节目的播出或制作，他必须组建、领导并依赖这支团队一起工作。一支导播团队通常由以下人员组成：总导播、助理导播、摄像师、字幕师、混录师等。

一、总导播

总导播负责整个导播团队的组织领导、指挥协调、统筹安排等，是整个团队的核心人物，通常由多年从事导播工作的人担此重任。随着团队内部的分工越来越专业化、目标化，总导播自然而然地成为团队的核心人物。他是一个各方面都比较全面的关键人物，不仅要求具备指挥和管理能力，而且要求技术方面比较成熟，能处理和解决现场可能发生的各种技术问题，特别是对现场的突发事件有着娴熟、机智的应变能力，熟悉不同节目的制作流程和播出方式，能缜密制订现场工作计划，安排机位布局，确定人员责任分工，同时具备丰富的EFP（Electronic Field Production，电子现场制作）工作经验。此外，总导播还必须具备一定的艺术赏析能力，特别是在直播舞台艺术表演及舞台综合类节目时，能技巧性地、艺术性地把发生在舞台上的精彩内容用镜头展示给场外观众。

总导播还有另外一层意思：在某些大型直播活动中，当现场机位超过6台时，一个导播难以完成多机位的切换，此时，会形成二重甚至三重导播。例如，美国的棒球比赛有4个一阶导播、2个二阶导播（包括广告、串播、插播等）和1个三阶导播（总导播），这就是典型的三重导播。2008年北京奥运会的摔跤比赛直播现场共有12台机位，在这种情况下，每4台机位需要配备一个导播。这12台机位的画面分别由3位导播分切成3路信号送给总导播，加上广告、插播等2路信号，由总导播从3路主信号、2路辅信号中进行选择直播。此即多重导播，多重导播的末端导播即总导播。

此外，在某些媒体单位的机构建制中，不仅有总导播，还有执行导播一职。在这种情况下，总导播可能就是一个纯领导级的管理者，执行导播才是具体工作的执行者。

二、助理导播

能够协助或者临时代理导播工作的人员，称为助理导播。根据需要由1—2人组成，而且他们有不同分工。为什么导播需要这么多助理呢？这是因为节目一旦开始，导播本身就要进入角色，观察节目进展，注意所有机位送过来的画面，不断发出调度指令，甚至亲自切换画面等，处于高度紧张状态，所以需要助理导播帮助完成其他工作。如光圈控制、声音合成、电平控制等。在某些情况下，当导播需要临时处理其他问题时，助理导播要马上顶替导播负责画面的切换、调度等工作。通常情况下，助理导播还是一名优秀的摄像师，他可以根据需要随时顶替任意机位上的摄像师的工作。

三、摄像师

导播团队中的摄像师毫无疑问是一个非常重要的岗位。通常情况下，团队中摄像师的人数由机位数决定。考虑到长时间拍摄可能发生的特殊情况，摄像师一般有一名助手，以确保拍摄过程的顺利进行。在一个多信道录制的现场，往往有几个到十几个甚至几十个摄像师，他们在自己的岗位上认真掌控摄像机。摄像师不仅要对其掌控的摄像机有熟练的操控能力，而且要对导播传来的调度指令有准确的理解能力和快速的反应能力。在工作过程中，摄像师即使从返送器中观察到此刻正在使用的画面不是本机位的画面，也不会被动地等待导播的调度指令，而是积极捕捉镜头，准备随时给导播提供丰富的画面信息，而这些信息正是导播做镜头调度或切换的重要依据。

在通常情况下，一个成熟的导播团队一旦组建，团队中的摄像师就不会轻易变更人选。长期的磨合使得成员之间形成了很好的默契，摄像师与摄像师之间、导播与摄像师之间，他们互相熟悉对方的工作特点和习惯，这种彼此间的熟悉与了解给他们的成功合作提供了基本保障。在这种长期合作的团队中，导播的工作指令可以变得更加简练、精准，一个字或者两个字，就可以把所要表达的外人无法理解的调度指令快速传达到位。所以说，一个优秀的导播团队是在导播的带领下磨合出来的。

需要强调的是，摄像师的工作是非常辛苦的。很多时候，摄像师在工作现场一站就是几个小时甚至更长时间。在户外作业时，摄像师可能会遇到各种恶劣的环境和长时间的站位。因此做一名优秀的摄像师不仅要有精湛的技术和基本功，还要有强壮的体魄、充沛的精力。

四、字幕师

负责节目现场电子文档处理的技术员叫字幕师。现在很多大型的综艺晚会，如演唱会、中秋晚会等，正式演出前都会有彩排过程，因此字幕师了解节目的全部内容是非常重要的。演出过程中的曲目名称、歌词内容、重要台本等，直播时必须在屏幕上同步展示给荧屏前的观众，这一工作就由现场的字幕师来完成。正式演出之前，有关字幕内容已经交给了字幕师，字幕师有充足的时间在电脑上（字幕机）完成这项工作，并在彩排过程中进行字幕预演，完成与演出内容相匹配的各种图标、字幕的工作，精确掌握画面速度以及字幕在画面上停留的时间。然而，即使进行了彩排，现场直播过程中还是可能出现一些突发情况，因此字幕师在节目进行过程中必须高度集中注意力，随机应变，保证节目正常播出。

五、混录师

混录师是将导播确定的直播画面和画面对应的声音进行有机合成的技术员。混录工作分为直播节目混录和录播节目混录。录播节目混录是可以进行补救和修改的，而直播节目混录是不可进行补救和修改的，也就是说，直播节目是一气呵成的。一般来说，导播团队中的混录师不同于节目现场的音响师。音响师负责整个演出过程中的音响设备和音效操控，有着更高的专业水准。而混录师负责将取自音响师工作台的合成声音以及通过其他方式获取的声音（环境音、背景音等）与画面混录合成。简单地说，就是完成现场声音的采集。

大型节目的直播现场还涉及许多不同工种的工作人员，如灯光、音响、舞美、化妆、道具、置景等，这些人员的工作通常不属于导播团队，而是由节目的总导演统一指挥的。当然，作为一名导播，为保障电视播出效果，可以向上述工种的工作人员提出一些技术上的要求。

第三节　导播应该具备的基本素养

在电视媒体这个特殊环境里，导播和导演一样在团队中具有很强的凝聚力、举足轻重的影响力。当今多信道的电视节目制作模式EFP被越来越多地运用于各类节目的制作中，如新闻播报、演播室访谈、情景剧、竞猜益智类节目、文艺演出、体育赛事和大型活动的转播等。同时，由于导播在EFP制作中的重要性以及直播工作的特殊魅力，使得很多电视人将导播作为自己追求和向往的工作。但是，要成为一名合格的导播并非易事，需要多方面的素养。具体来说，主要有以下三个方面。

一、职业素养

目前在电视媒体中，导播一职已发展成两种类型：职业导播和节目导播。显然，职业导播的专业能力更为全面，但是，由于电视领域的节目品种、形式的不断扩展，即便是职业导播，也已经很难胜任各种类型节目的导播工作，因此在某一单元节目体系中就衍生出了比较熟悉此单元节目的“节目导播”。节目导播意味着其从事的导播工作是有专业局限性的，主要表现为：在某一节目领域中做导播是完全可以的，但换一个类型的节目也许就不能胜任了。比如从事体育节目的导播就很难担任音乐节目的导播。这样的导播是单一型的，相对于职业导播而言，节目导播的人数就比较多了。

随着节目类型的不断增加、细化和专业化，能够适应全领域各类节目的职业导播越来越少，各个节目领域出现了一些熟悉本领域的导播。比如，专门做情景剧的导播、专门做谈话节目的导播、专门做娱乐节目的导播、专门做某种艺术演出（如戏剧表演、话剧表演、舞蹈表演、音乐剧表演、交响乐演出等）的导播，还有专门做某项体育赛事节目的导播，等等。这就是我们所说的“节目导播”或“专业导播”。不管怎么称呼，都是为了有别于更高级别的“职业导播”。

随着导播队伍的逐渐壮大以及电视行业的发展，传播媒介对导播，包括职业导播和节目导播，均提出了新的、更高的要求。

（一）导播的道德素养

在第一节中，我们提到了导播的定义：“导播是一位引导节目现场以外的电视观众通过荧屏接受其思维意志（艺术思维）和行为意志（技术手段）的即时电视节目制作人。”从这个意义上来看，导播的个人意志的自由尺度对电视观众来说，有一定的“强制性”，电视屏幕前的观众对当前节目画面处于别无选择地被“强制”中。正因为这种潜意识的“强制行为”的客观存在，无形中要求导播必须严格遵守职业道德准则。毫无疑问，这不仅需要境界，更需要一种严肃的人生态度。因此导播的思维意志和行为意志应该达到较高的道德水准。换句话说，就是应该具备高度的责任感!导播必须理智地使用这种个人意志的自由尺度，防止滥用，不断加强职业道德修养，提高自身的职业素质，把好节目制作的质量关。

（二）导播的个性素养

导播的自信心是第一位的。导播在节目制作现场必须特别果断，毫不犹豫，即使感觉错误，也不要退缩。因为导播选取的每一个画面并不能让每个观众都喜欢，就像厨师做的菜，不一定每个就餐者都会感到可口。导播的自信心是至关重要的，特别忌讳优柔寡断。既已开始导播，就要大胆地调动团队中的每一个成员，下达清楚每一道指令。当然也需要做足功课，尽量避免失误尤其是大的失误。如果发现哪儿不对，一定要尽力弥补，绝不能胆大妄为，一意孤行，一错再错，否则一台表现力很强的节目，会因为导播的失误而做得一塌糊涂。

一个优秀的导播除了自身技术全面、能说会做外，还应该树立自己的领导地位。导播作为团队的核心人物，应具有良好的职业道德和个人素质，既要自信果断，也要鼓励团结团队中的每一个成员，把他们紧紧地凝聚在一起。因为团队中的每一个成员都是导播完成高质量节目的前提与保障。

二、技术素养

随着电视节目的发展，各节目之间呈现出专业化和独立化的趋势，这就自然使得导播工作越来越单元化和专业化。这样一来，导播不仅要掌握电视制作技术，还应该具备某领域的专业知识，更应该是某类节目的熟悉者，比如体育运动、舞台戏剧、音乐演奏、话剧表演、舞蹈表演，等等。导播只有对某领域的专业知识和表演特点比较熟悉甚至精通，才能准确地理解和诠释这种类型的节目，这也成为导播工作中隐含的关键的因素。因此，导播的技术素养主要体现在两个方面，即“动口”方面和“动手”方面。

（一）动口素养

一般认为，导演与导播的工作的最大区别是：“导演动口不动手，导播动口加动手。”这样的看法虽然有一定的片面性，但也有它客观、形象的一面。他们同样是领导和指挥一个团队，这两种团队有着某些共性：同样要面对摄像师、灯光师、录音师、演员，同样是将自己的作品以屏幕展示方式交给观众。但是，由于各自的主要工作对象不同，决定了他们不同的工作性质与工作范畴，所以他们有着各自的工作行为和方式。如果把团队成员分成镜头前和镜头后两个阵容，那么，导演的工作重点对象是镜头前的演员阵容，而导播的工作重点对象则是镜头后的技术人员阵容。因此，导演与导播必须了解各自的工作对象，工作目的、任务与方法。这样一来，就意味着他们应该能够对自己的工作对象进行具体的指导。比如导演能够形象化地指导演员对剧本中的各种人物进行表现；而导播对摄像师的技术要求、切换台的操作技巧就必须了如指掌，并且应该能够承担其中任何一项工作，否则他就不能给出各种简单、准确的调度指令。因此，导播不仅要熟悉导播设备，懂得摄像技术，还要理解视听语言和画面构图的重要意义。不难想象，一个在上述条件中存在缺陷的导播，在工作中将会多么被动，所以说导播必须是一个能说（不断快速、准确地给出各种调度指令）、会做（合理确定机位布局、准确无误操作切换台等设备）的指挥员。

（二）动手素养

导播最重要的能力之一是对切换台的操控能力。一个成熟的有经验的导播能很快学会操控不同型号的切换台。即使是没有接触过的切换台，稍加研究就可以很快适应和熟悉，这完全得益于自己平时多熟悉几种切换台的操控。当然，不同的切换台按键功能、位置可能会不一样，所以平时多熟悉自己经常使用的机型以外的设备是很有必要的。导播要经常请教技术人员，了解切换台的性能，学习和研究切换台的详细的产品说明书，反复不断地实践验证，熟悉其中的单键操作、组合操作、预设程序操作，等等。在实际工作中，有的导播由于忙于各种杂务，疏于潜心学习研究与自己密切相关的设备。其实，只有在深入了解、反复实践、反复验证后，你才能不断认识并熟悉身边的这个功能强大的切换台。当它在你的手下体现出强大的技术性能时，你会感到它是如此完美可爱。相反，如果对切换台的许多功能不熟悉，切换过程中没有手感，不能操作自如，往往会影响导播的情绪，这样就会缺少灵感。所以，一个有经验的导播不会放弃对任何一台新设备的学习和研究，导播的技术素养也因此而得到不断提升。

三、艺术素养

导播的艺术素养包含两个方面：视听语言诠释能力素养和艺术鉴赏能力素养。

（一）视听语言诠释能力素养

视听语言是所有从事电视传媒工作的人必须了解的一门专业课程。而对于导播来说，这不应是一个再学习的问题，而是应该提升到什么程度的问题。作为一名合格的导播，必须了解视听语言元素的构成，掌握视听语言的语法规则，运用视听语言进行声画的设计表达。在这里，我们强调运用自如，这个能力要比了解、掌握之类更高级一些，是“不需要思考”就能够自然展现的一种能力。

导播是最终将演出现场转换成电视画面的人，这中间的转换思路就是他的视听语言的表达方法。面对同样的现场，有着不同视听语言水准的导播对画面的诠释是不同的，但无论对于谁，视听语言的架构能力和自如运用的程度都将深刻地影响他的声画呈现工作。[①]其实，同是电视行业，类别不同就等于“隔行如隔山”。电视行业中的节目类别划分相当于医院里的科室划分，因此，不同的节目需要不同的导播也就容易理解了。

一般情况下，导播在设计工作台本的时候，就已经表达了对节目实施的视听构想。在录制的过程中，导播会协同各工种部门尽量遵照台本的导播方案展开工作。但现场的情况并非都在设计之中，各种突发情况的出现，需要导播立刻拿出新的应对方案。导播临场应对方案是如何产生的呢？第一，导播需要明确自己有责任将现场发生的事件传递给电视观众；第二，导播作为现场的亲历者，应该了解现场发生的事件的来龙去脉；第三，导播在迅速作出反应判断后，应确立自己的表述态度；第四，导播应将视听表达的需要立刻传递给相关的技术部门。

这些步骤可能发生在极短的瞬间，要求导播运用视听语言即刻对突发情况进行有效处理。

例如，2012年伦敦奥运会，在直播110米跨栏比赛实况时，我国运动员刘翔在起跑跨越第一个栏时就出现了剧烈脚痛的突发情况，画面中的刘翔面部呈现极度痛苦的表情，跌坐在地上，紧接着又用单腿踮跳了一段，在痛苦和极不情愿中懊丧地退出了比赛……在整个过程中，导播没有切出画面，而是如实地播出了全过程。这就是突发事件，导播有处理突发事件的能力和权力。从表面上看，这段镜头撕咬着荧屏前亿万中国电视观众的心，让电视观众产生极大的失落感和难以言表的复杂情感。当然，导播也可以将画面切回比赛，但是，这样做不但满足不了荧屏前的观众担忧、急于知道真实情况的好奇心，而且会使他们产生疑惑、焦急甚至愤怒，不知情的观众可能在事后发表种种不利于刘翔本人的言论甚至指责。所以，现场导播如实地用镜头直播了全过程，让观众通过画面看到了事件的真实情况，使大部分观众在遗憾、同情的复杂心情中跟随镜头解读导播给出的视听语言，明白了事件的真相，从而对当事人产生理解与宽容。这就是导播给出的画面视听语言的意义。

也就是说，在任何时候，导播都要运用自己的视听想象力和判断力在极短的时间内作出果断的决定。自如运用视听语言的能力是导播必须具备的艺术素养之一，是不可或缺的、深植于导播头脑中的软性技术，是决定导播水平高低的主要

---

① 郑月．电视节目导播［M］．北京：中国传媒大学出版社，2007：74.

因素。因此，导播不断提高视听语言素养是使自己能够达到一种境界的需要。

（二）艺术鉴赏能力素养

作为导播来说，的确需要一定程度的艺术素养，不然在转播某些艺术性很强的节目时就会出现把握不准的情况。特别是对音乐、舞蹈、戏剧、器乐等节目的转播，不仅需要导播有娴熟的操作技巧，更需要导播有良好的艺术鉴赏水平和感悟能力。

比如，声乐表演中有一段带钢琴伴奏的独唱表演。一开始，镜头在展示钢琴老师弹奏音乐的前奏部分时，怎样才能够恰到好处地在音乐前奏结束的这个特殊点，将画面切到歌手张口这个起始点，需要导播在调度好机位的镜头准备时间里，专心地聆听等待，对音乐有一定的感悟。导播要在那个临界感觉到来时将画面慢慢地叠进歌手，把观众从一种视觉状态引入另一种视觉状态……导播虽然不一定会唱，但一定要会听，而且能够找到感觉。这就是导播在音乐方面的艺术鉴赏能力的体现。

再如，戏剧表演中的“亮相”。这是一种经典表演动作，是舞台上戏剧人物常用的一种造型手段。主要角色上场时、下场前，或者在一段台步动作完成后出现一个短暂停顿，采用一种雕塑般的姿势，即亮相。它能够集中而突出地显示人物的精神状态。由于这个画面有短暂的停顿，造型精彩，对于场内距离较远的观众来说，看到的是一个大场景，视觉上的冲击力可能并不明显。但是，对于电视屏幕前的观众来说，如果导播能将这一瞬间用近景或者特写展示在屏幕上，产生的视觉冲击效果是不言而喻的。因此导播需要把握的是台上演员在什么时候亮相这个关键点。演员在运动过程中是有节奏的，这个节奏受到某种器乐（鼓点等打击乐）节奏的制约和引导，由快而慢到停顿。这就需要导播对戏剧中的这种器乐节奏和演员的动作特征有独特的感悟感知，能够准确判断并捕获到精彩的瞬间，并将其切给观众。这就是导播对戏剧表演的艺术鉴赏能力。

凡此种种，都需要导播不断地加强学习，在学习中感悟、获取各种艺术元素，不断提高艺术鉴赏能力。

可以肯定地说，一个艺术鉴赏能力一般的导播和一个艺术鉴赏能力很强的导播，在直播同一台艺术表演类节目时，由于艺术感悟上的差距，直播的效果会有差别，甚至是天壤之别。

本章小结：

本章主要讲述了导播的基本概念、导播团队的组成、导播的工作性质和导播在电视媒体中担负的职责，介绍了导播团队中的各个岗位承担的具体责任和工作，这种细化的分工模式是导播工作高度专业化的体现。通过本章的学习，我们知道导播是这个团队中的核心人物，他不仅技术比较全面，而且具备一定的组织和领导能力。

导播要对自己的思维意志和行为意志负有高度责任，把对观众负责摆在首位。

本章围绕导播素养进行了较大篇幅的讲述，这些内容对有志从事导播工作的读者来说，是不可缺少的、必须掌握的，是将来干好导播工作、成为优秀导播的理论指导。

思考题：

1. 导播以及导播的工作实质是什么？
2. 什么叫多信道电视节目制作，它有何特点？
3. 职业导播与节目导播有什么区别？
4. 导播基本素养中的艺术素养有何重要意义？
5. 导播与导演有何区别？

第二章　导播系统基本设备

本章重点：

1. 熟悉导播系统的基本设备；
2. 了解导播系统各设备的用途；
3. 熟悉导播系统各设备间的连接方框图；
4. 熟悉导播系统所有设备的连接原理和连接方法；
5. 掌握导播系统的信号流程规律。

无论是直播还是录播，要完成导播工作都必须配备一些基本的设备。因此，了解、熟悉这些设备的配置、作用以及设备之间的关系是学习导播课程和从事导播工作的必修内容。设备分为室内固定设备和户外移动设备两种。目前拥有像电视台那种适合商业性制播节目的设备条件的学校相对比较少，因此根据教学单位的实际情况，从实用角度考虑，本章重点讲述移动导播设备。这种设备既适应教学中的操控实训，也可以模拟电视台的导播程序与模式。通过本章的学习，读者可了解、掌握中小型节目的现场制作的基本设备配置。

第一节　基本设备

导播系统基本设备按场地需要分为固定和移动两种，按技术级别分为高清和标清两种。

固定导播设备一般是不可拆卸的，安装在固定的场地使用，如演播厅等地。

移动导播设备有两种：一种是可整体移动的导播系统——直播车（见图2-1），实际上它也属于相对固定的导播系统，只是它可以整体移动，故归为移动设备一类。它的特点是无须现场安装所有设备（摄像机除外），使用方便，常用于大型体育赛事、演唱会等电视演播厅以外的其他场地节目的直播、转播。由于直播时，导播与拍摄对象之间有着一定的不可互见的空间距离，不能在事件发生现场与拍摄对象面对面地形成直观印象，只能在导播车内根据演出现场的若干机位送过来的画面进行调度，相对而言比较被动，因此使用直播车对导播的经验与临场发挥是一种挑战和考验。另一种是组合形式的普通移动导播设备。

移动导播系统基本的工作设备有：切换台、摄像机、分配器、监视器、字幕机、录像机、对讲器、信号返送（TALLY）与光圈控制器等，它们共同组成一个完整的移动导播系统。

图2-1 直播车

第二节 设备及其用途

一名合格的导播必须熟悉各种相关设备，熟练掌握设备的性能、作用，设备之间的连接、基本操作方法等，下面对导播系统的基本设备进行简要介绍。

一、切换台

切换台是整个导播设备系统中的核心设备，通常情况下由导播亲自操控。它分为4信道、8信道、12信道等。所谓信道，是信号通道的缩写，就是指来自摄像机、录像机、电脑的信号源或者其他音、视频信号源。数字4、8、12表示的是这台切换台可以同时输入信号源的路数。导播从所有输入的信道中根据需要选择其中一个即时播出。导播在直播过程中会不断地发出口令，调度其需要的画面作为信道来源。我们说场外观众是被动观看由导播意志选择的节目，就是指这些节目都是导播调度镜头、操控切换台的结果。切换台除了有路数之分，还有模拟信号切换台和数字信号切换台之分。图2-2是松下4信道（路）的模拟切换台，图2-3是松下8信道（路）的数字切换台。显然，切换台的输入信道数越多，操作难度越大。通常情况下，移动导播系统使用几信道切换台没有特殊规定，可视节目需要而定。总的来说，切换台是导播手中的重要工具。关于切换台的性能与操控我们将在第三章详细讲述。

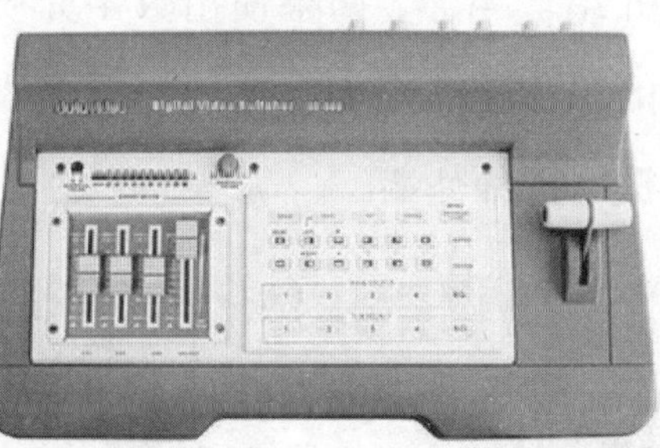

图2-2 松下4信道（路）模拟切换台

图2-3 松下8信道（路）数字切换台

二、摄像机

摄像机是导播系统中的前端设备，高清机、标清机、模拟机、数字机都可以在导播团队中使用，不同的是摄像机的档次不一样，其拍摄的画面质量也不一样。通常情况下，电视媒体在进行现场直播时，采用的摄像机是专业级的。在使用过程中，摄像师根本不用考虑自身录制效果如何、存储卡还能拍摄多长时间等问题，只需集中注意力配合导播进行画面构图就可以了。

当然，如果是录播就不一样了。因为录播节目可以进行再创作，也就是后期剪辑，所以每台机位记录的内容就是宝贵的原始素材。另外，作为非专业电视媒体单位来说，其摄像机大都是多用途的，因此通常都是采用存储卡模式（早期采用带装录制）。

应该指出的是，传统的磁记录模式摄像机存在使用上的弊端，如磁带、磁头的不可靠性，记录时量的局限性等。因此在这里特别向读者推荐摄像机CF卡外挂记录器HVR-MRC1K（见图2-4）和硬盘外挂记录器HVR-DR60（见图2-5），用于画面记录。前者采用卡记录模式，使用32G、90MB/秒的高速卡，可连续记录144分钟；后者采用硬盘记录模式，不用装卡，可记录270分钟连续画面。而且二者在所有摄像机上都可以很安全、方便地进行安装（见图2-6），还有很多功能可以扩展，在这里不做详细介绍。当然，如果使用数字介质记录的摄像机，则不存在磁记录模式摄像机的种种弊端。

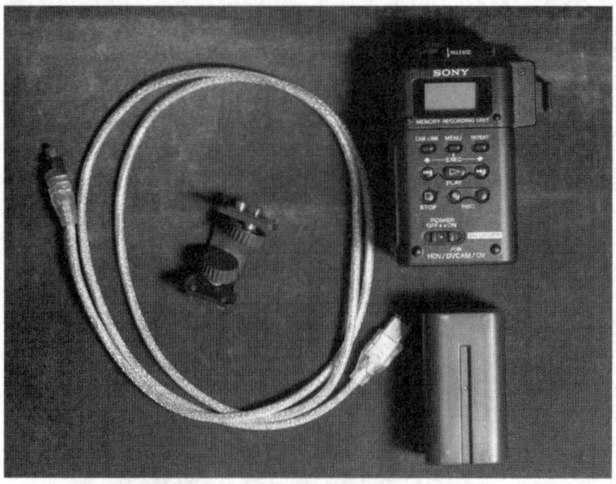

图2-4　CF卡外挂记录器

图2-5　硬盘外挂记录器

图2-6　用1394数据线连接

三、分配器

分配器也叫分信器，是导播设备系统中一个比较简单但又不可缺少的小设备。（见图2-7）整个导播系统会视机位数情况决定配备多少个分配器。具体来说，它是将一路视频或者音频信号进行分配后变成两路甚至多路原信号，同时输送到需要这些信号的设备。分配器有1分4、1分6，等等。为备份起见，通常选用1分4以上的分配器比较实用。

图2–7　分配器

四、监视器

监视器就是平时简称的TV，看上去像显示器，但是它比显示器更专业、更高档，是导播选择画面的视觉依据。它有两种模式：一种是CRT阴极射线管模式（见图2-8），也就是当前还在使用的显像管模式；另一种是LED液晶显示模式（见图2-9），它具备显示器的功能，但是通常意义上的显示器是不能当监视器用的。CRT的色彩还原效果特别好，亮度也好，但是温度高，比较笨重，价格较高。LED的体积小，温度低，性价比好，视窗尺寸在5英寸至14英寸之间（指移动设备）。目前，大多数导播系统采用LED监视器。通常小尺寸的监视器由于屏幕小，多用在便携式移动导播系统中。比如电视直播车由于空间比较小，内部配备的监视器屏幕尺寸相对就较小，一般为7—9英寸。

还有一种监视器/切换台一体化的设备，如索尼MCS-8M组合式移动导播系统（见图2-10），其监视器的画面就是由一台17英寸的LED监视器将画面分割成4—9个小画面，使导播系统设备更加小型化和集中化。

图2-8 CRT阴极射线管模式

图2-9 LED液晶显示模式

图2-10 监视器/切换台一体化设备

但是，大多数导播都喜欢屏幕较大的监视器，因为大屏幕监视器不仅视觉效果好，而且心理感觉更好。导播系统需要多少台监视器取决于信道数的多少，计算方式是输入总信道数+1。例如，现场用4台摄像机作为所有信号来源，就需要配备5台监视器，为什么要加1呢？因为其中有一台用于终端监视。所谓终端监视，就是直播（或者录播）出去的画面。因此，输入的信道越多，监视器就越多，导播的视觉也就越容易疲劳，在调度画面的过程中，容易顾此失彼。所以通常情况下，一个导播以最多接受不超过5个信道的信号为宜。即使这样，导播也必须同时顾及6个监视器的画面。这也是为什么8、12、16信道需要多重导播的原因之一。

此外，在使用过程中，由于监视器内部器件的原因或者人为的原因，监视器与监视器之间的色彩可能出现差异，也就是说，在多台监视器上观看同一个对象时，可能出现色彩不一致的情况，这时就需要对监视器的色彩进行调整。调整方法一般是用一台摄像机输出标准8彩条（见图2-11），用一个1分6分配器，同时输入到6台监视器（见图2-12），调整监视器上面的R（红）、G（绿）、B（蓝）三

图2-11 标准8彩条

基色的比例，观察每台监视器的8彩条基本一致即可。业余条件下，也可以用普通电视机代替专业监视器。

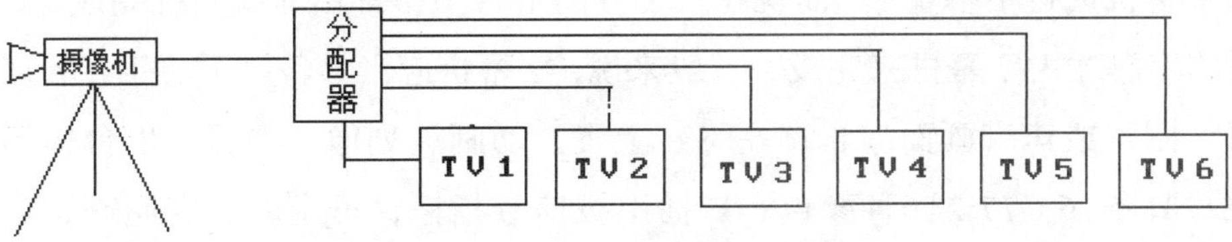

图2-12　1分6分配器

五、字幕机

字幕机实际上就是一台带有文字编辑软件的电脑，也就是非编电脑（见图2-13），不需生成，是一种具备实时输出功能的文字处理设备。它能快速将文字输入到切换台，与画面即时合成，而且可以输出各种字体、颜色、位置、动态模式等，有着强大的实用功能。字幕机是由计算机、字幕卡和字幕制作软件三部分组成的。现在计算机很普及，大家对它也很熟悉。字幕制作软件就是控制字幕以何种方式叠加到背景画面上的软件，是与使用者交互的工具。没有字幕软件，使用者就没办法使用计算机制作字幕。在有了计算机和字幕软件后，必须有一个能够允许背景画面输入，并且在叠加字幕以后合成输出带有字幕视频的设备。大家都知道，计算机在一般情况下只有键盘、手写笔等输入功能，显示器、打印机等输出功能，要想让视频进入，而后把视频输出，需要其他附加设备才能完成，字幕机就是这样的设备。字幕机的质量取决于采用的字幕卡的质量以及字

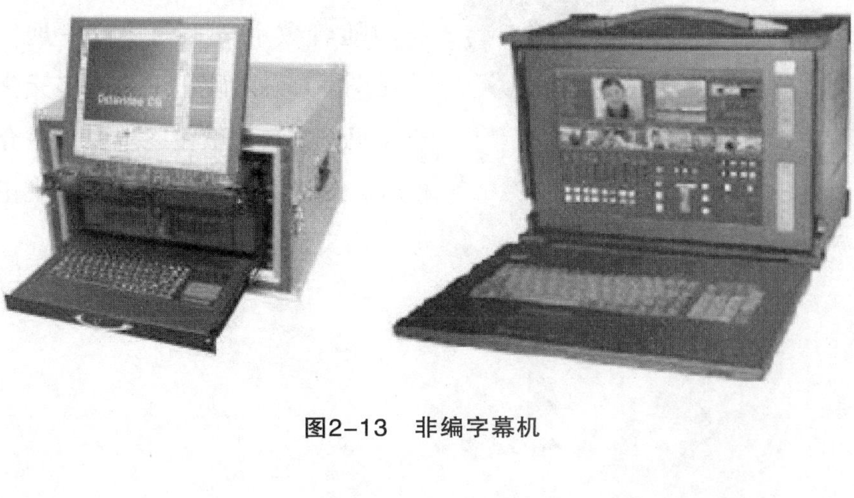

图2-13　非编字幕机

幕软件本身的各种算法，其指标一般都由国家广电总局进行检测，并且发放入网证明，这样字幕卡才可以在电视台使用。在没有非编系统之前，大部分的节目都要由字幕机进行字幕叠加，而现在大部分的节目字幕都由非编系统完成了，只有实时的字幕才由字幕机来完成。一般来说，字幕机应当具备以下功能：频道插播字幕、图形或声音画面广告；左飞、上飞、动画、划像、卷页、出台标等一气呵成；具备16,777,216种颜色、广播甲级信号指标；可定时、定通道、定播出次数、定播出速度等；断电信号直通、播出极为安全稳定。导播团队中一般有专业字幕操作师，一个有经验的字幕操作师会事先了解节目，熟悉节目策划和台本，默契地配合导播出色地完成字幕合成工作。

六、录像机

录像机是用来录制和播放视频节目的设备，有的还具备线性编辑功能。无论是直播还是录播，节目导播现场都会使用录像机。如果是现场直播，那么它录制的内容就是备份节目，在后续重播中可以使用。如果是录播，那么它就是母带，而不是素材带。因为它基本上就是成品带，不加剪辑也可以直接播放。现场各摄像机录制的磁带就是素材带，而素材带是不能直接播放的。所以，如果是录播节目，那么母带加上素材带就是后期剪辑的主素材源。因此无论是直播还是录播，导播现场的录像机都是必备的。早期的录像机大多采用磁带记录（见图2-14），但磁带记录存在许多不足之处，如磁粉脱落造成信号损耗，磁头磨损造成录制可靠性低，磁带保存和信号采集不方便，等等。随着数字技术的快速发展，卡记录（见图2-15）和硬盘记录等多元化记录模式（见图2-16）正在逐步取代磁介质记录模式，磁介质记录模式的录像机正在逐步退出历史舞台。

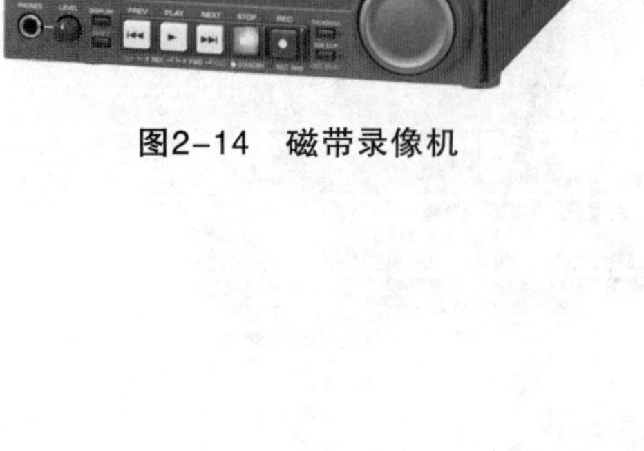

图2-14　磁带录像机

图2-15　索尼CF卡录像机

图2-16　松下硬盘录像机

七、对讲器

对讲器是一种比较简单的呼叫、对话设备，它是导播用来指挥、调度整个团队的通话设备。没有对讲系统的协助，导播是无法进行工作的。对讲系统分为有线对讲系统（见图2-17）和无线对讲系统（见图2-18）。无论是有线还是无线对讲系统，都有一个共同点，那就是能进行点对点和点对面的通话。它们有着各自的特点，无线对讲器没有线连接，优点是使用方便，传输距离长，使用者可移动，不受场地限制，缺点是抗干扰能力差，通话效果不理想。有线对讲器在通话者之间是有线连接的，设备架设比较麻烦，传输距离受到线的长度限制，通话中不能移动，但是这种对讲器通话质量好，抗干扰能力强，通话可靠性高，所以大多数导播在机位不是很分散的情况下喜欢使用有线对讲系统。总之，使用哪种对讲器取决于导播的习惯、爱好以及场地情况等，没有硬性规定。

图2-17　8路有线对讲器

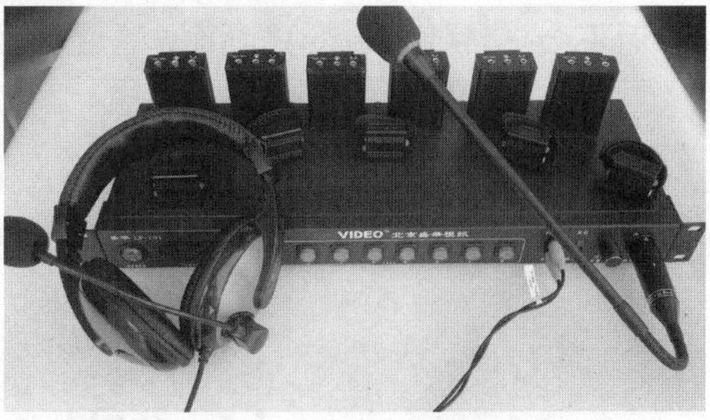

图2-18　6路无线对讲器

八、信号返送器与光圈控制器

信号返送器（TALLY，态励）与光圈控制器实际上是两套系统。TALLY系统有着非常重要的作用，通常以字符或者指示灯的形式出现在摄像机头、寻像器和电视墙等系统节点，分别给主持人、摄像师等予以提示，告知当前视频切换台选择的信道信息。而光圈控制器的作用是什么呢？由于在很多情况下，现场环境的灯光照明不一定均匀一致，而且现场的灯光会根据演出需要而发生改变，这就要求摄像机的光圈不断进行调整。摄像师在拍摄中虽然可以根据画面亮度来调整光圈，但是这样或多或少会影响导播对画面的需求速度，影响直播的节奏与效果。尤其是在多机位的情况下，为了确保播出画面的质量，现场所有摄像机提供的画面的亮度原则上要求基本一致或接近，这就不能由每个摄像师自己来调整本机的光圈了，因而导播采用光圈控制器，在导播台对各机位光圈进行调整。一般情况下，导播会配置一台带画面返送提示功能的TALLY信号返送器（见图2-19）。这一设备比较特殊，它通过专用的复合数据线与现场的每一台摄像机连接，可以对每台摄像机进行单独的数据控制。所谓画面返送，就是导播在每次切换播出某一画面时，会提醒和告诉该机位的摄像师，当前正在播出的是谁的画面。如果某个摄像师看到本机的两个屏幕（一个为本机采集的画面，一个为导播台返送过来的画面）上的画面相同而且都是本机镜头给定的画面时（见图2-20），就会知道此刻正在播出自己机位的画面，而且寻像器中的TALLY灯会点亮。此时，其他机位的摄像师看到的是两个不同的画面，即自己机位的画面和正在被采用的画面。因此，看到两个相同画面的摄像师会按照导播的要求稳定画面，而不会擅自随意地变更画面，这就是返送画面的作用。对于光圈控制，通常

图2-19　TALLY信号返送器

图2-20　双屏监视器

是由导播的助手——副导播来协助完成的。在导播不断发出调度画面的口令过程中，副导播会密切地观察所有监视器的画面亮度，随时根据画面的亮度情况，在光圈控制器上对任意一台摄像机的光圈进行调整，目的就是始终保证监视器上所有机位的画面亮度一致，默契地配合导播，同时也减轻摄像师的压力，让摄像师全神贯注地给出导播需要的画面。业余条件下，这个设备也可以没有，但是导播和摄像师都会比较辛苦，而且在一定程度上会影响导播的质量。在演播室里，TALLY系统同样起着非常重要的作用，它通常以字符或指示灯的形式出现在摄像机头、寻像器和电视墙等系统节点，分别给主持人、摄像师和演播室制作人员予以提示，告之当前视频切换台切出的PGM（PROGRAM，节目视频信号）和PST（PRESET，预切信号）是什么，通过视觉提示使各个岗位的工作人员及时了解节目的进展状态。需要注意的是，这个系统应该为一些工位提供动态TALLY指示。如导控室的监视墙、技术区各摄像机的监视器、调音岗位、演播室灯光控制，等等。这些工位通过TALLY系统提示，确保节目制作顺利进行。

总之，现在演播室系统TALLY信号已经不仅仅起传统意义上简单的播出提示功能的作用，动态TALLY技术提供了丰富灵活的演播视频信号状态信息，为系统的智能化控制提供了有力的保障。有了它，演播系统能适应更多的节目类型，发挥更大作用。

第三节　设备之间的连接

电视演播室的固定导播设备在安装完成后，全部的连接工作也就完成了，不需要再进行拆卸。但是，体育赛事等其他户外节目在没有直播车的条件下，是需要将移动导播设备临时架设在节目现场完成节目播出工作的。因此导播不能只局限于在固定场地工作，而应该在任何地方都能工作，不受场地的限制。

读者将在本节进一步学习掌握导播设备的连接方法，从而知道导播在团队中熟知所有设备的重要性和必要性。本节内容很重要，设备与设备之间怎么连接、为什么要这样连接等，是学习导播课程必须掌握的。连接方式的正确与否决定导播系统能否正常工作，看似比较复杂，其实只要懂得了工作原理，掌握了连接规律，就会觉得并没有想象中那么难，而且学会了就忘不了。特别是在实训和实习过程中，当把所有设备通过自己动手准确连接完毕，通电操作时，现场看到的一切会让每一个参与者产生一种自豪感与成就感。

一、导播系统设备连接方框图

图2-21是导播系统设备连接的方框图，每个方框代表一件设备，下面一一讲述各方框之间的连接关系。

图中箭头方向代表各种信号走向，实线箭头代表视频、音频等主信号，虚线箭头代表返送视频信号和控制信号。在实际操作中，黄色接线端口表示视频端口，白色、红色接线端口分别表示左、右音频端口。

（1）摄像机1至摄像机4，为现场各机位摄像机的编号。此处代表有4台摄像机，摄像机方框图下方的箭头方向表示视频信号的输出去向。

（2）分配器1至分配器4，安装在导播工作台。每个分配器将来自对应摄像机的视频信号分成两路（或多路），一路去该路的监视器TV，一路去切换台。

（3）监视器1至监视器4，安装在导播工作台，分别用来显示对应摄像机的画面信息。

（4）切换台，安装在导播工作台，由导播亲自操作。导播将输入的各机位的画面信息或其他信息在此进行有选择的切换，以一定的变化节奏从中切换出一路输出到分配器5供后级使用。

（5）字幕机，安装在导播工作台，由字幕师操作，将与画面对应的文字信息输入到切换台与画面同步合成。

（6）分配器5，安装在导播工作台，将切换台输出的画面分配成多路（6至8路）输出，分别送往录像机、信号返送器与光圈控制器、直播发射机房等。

（7）信号返送器与光圈控制器，安装在导播工作台，由副导播负责操作。副导播将来自分配器5的视频信号用复合电缆返回到各摄像机，一方面给各摄像机返送当前播出画面，进行提示，另一方面随时通过电缆对各摄像机进行光圈控制。图中虚线箭头的另一种含义是，当条件不具备时，这个返送系统也可以省略。

（8）录像机1、2，安装在导播工作台，由混录师负责操作。混录师将来自调音台的声音信号和来自切换台的画面信号在录像机内进行混合录制。需要注意的是，如果安排了拍摄现场观众反应镜头的机位，那么这台特殊机位会同时送

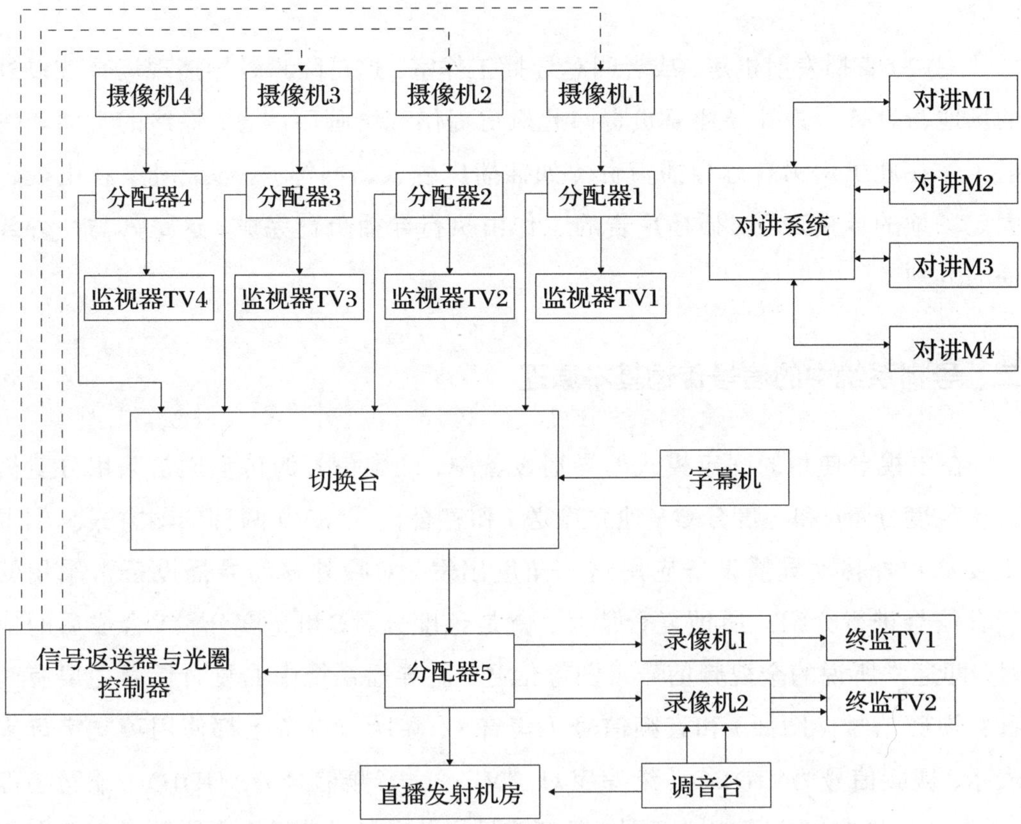

图2-21　导播系统设备连接

出视频和音频信号（其他机位只送出视频信号），这一路音频信号是要单独进切换台的。此外，为保险起见，导播现场通常采用两套录制设备同时录制。

（9）终端监视器1、2，安装在导播工作台。为什么放在录像机之后？目的是监控信号全部流程的最终状况。这两台监视器的画面是相同的，等同于现场直播给场外观众的画面，所以叫终端监视器。

（10）调音台，现场录制节目的音频信号都由调音台提供，摄像机只负责提供视频信号。调音台的音频信号最终输出到录像机上面，和摄像机的视频信号同步。

（11）对讲系统，安装在导播工作台。它是一套独立系统，跟其他设备之间没有关联。通过这套设备，导播可以随时向所有机位发出画面调度口令。它也是导播与各个工作人员之间联络的通信设备，可以是有线系统，也可以是无线系统，一般有点对面和点对点通话方式。

（12）直播发射机房，或者叫总导播工作室，这是除户外导播现场系统以外的场地与设备。户外导播只负责向此机房提供现场画面信息，最终的直播和发射工作在此机房另有总导播负责（如插播广告、新闻等）。实际上，在电视台固定场地的导播现场，插播广告的工作由执行导播负责完成，这是其与户外导播的区别。

二、导播系统中的信号传输基本原理

在电视台使用的固定模式的导播设备中，图像信号的传输通常采用分量模式（色度分量C和亮度分量Y独立输送）和复合模式（V）两种传输方式。本书主要从户外移动导播设备应用这一角度出发，对户外移动导播设备常采用的复合信号进行介绍。所谓复合信号，就是色度分量C和亮度分量Y合成后的信号，即通常所说的全视频信号（图像信号）。导播系统中的复合信号主要有两种：视频信号（图像）和音频信号（声音），在所有设备上都使用英文字母来表示，视频信号为VIDEO（缩写字母“V”），音频信号为AUDIO（缩写字母“A”）。图2-21为了加以区别，视频信号用单向箭头表示，音频信号用双向箭头表示，箭头的方向表示信号的去向。信号箭头的始端称为信号出发端，设备上用字母OUT（输出）表示；信号箭头的终端称为信号达到端，设备上用字母IN（输入）表示。因此有：

VIDEO OUT—— 视频输出（有的设备上简写成V·OUT）
VIDEO IN —— 视频输入（有的设备上简写成V·IN）
AUDIO OUT—— 音频输出（有的设备上简写成A·OUT）
AUDIO IN —— 音频输入（有的设备上简写成A·IN）

请看图2-21，摄像机1到分配器1的箭头表示的是视频信号。从摄像机1输送到分配器1，连接方法是：在摄像机上找到带有VIDEO OUT的端口，用一根视频线连接到分配器上带有VIDEO IN的输入端口即可。依此类推，可以把所有设备很快地连接起来。连接时要注意，视频端口的形状可能一样也可能不一样（见图2-22），连接不一样的端口时采用相应的转接头即可。

这里的字幕机输入也是用单向箭头表示的，因为字幕信号也属于视频信号。它的连接方式与普通电脑的连接方式一样，采用数据线连接到切换台即可。

另外，来自调音台的双声道（R、L）音频信号输出到录像机混录，同时送到发射机房与视频信号混合输出。

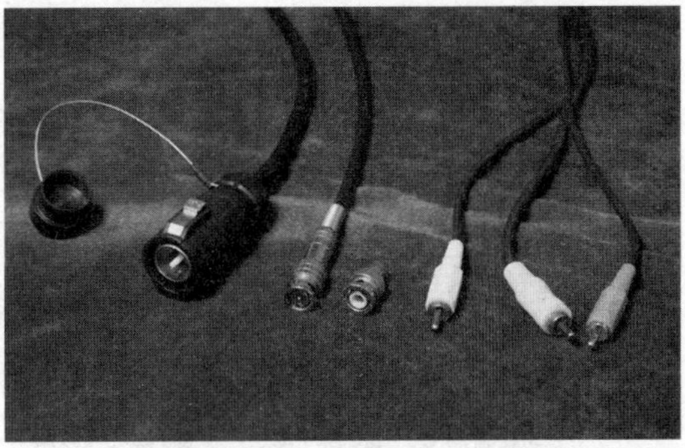

图2-22　信号连接线

对讲系统是一个独立系统，分为无线对讲和有线对讲两种。这里使用的是双向有线对讲系统，因此采用双向箭头以区别单向视频信号。

最后要提到的是关于连接线的长度问题。连接线通常以40米长度为佳，极限长度通常不超过100米，因为连接线越长，信号损耗越大。连接线经检查无误后方可通电。

在进行导播设备连接实训时，可以根据现场设置的机位数来确定每个小组的实习人数。例如4台机位就由4个学生组成一个实习小组，4个人共同完成所有设备的连接，每个人负责一台机位的相关设备的连接。实习过程中既要有互补的内容，也要有共同讨论完成的内容，这样方能取得良好的实习效果。

本章小结：

本章主要介绍了完成导播工作需要的基本设备以及每件设备的功能作用。这些设备虽没有电视台的设备高档，但作为一般EFP制作和本课程的教学需要已绰绰有余了。通过学习，学生应该了解上述设备的性能与作用，熟练掌握导播系统设备之间的连接方式，在进行移动模式导播工作时，能够对所有设备进行正确的布局和连接。本章学习的重点是理解方框图的连接原理，并且在方框图的引导下，能够正确连接所有设备。因此学习中反复多次的模拟连接操作是非常重要的，学生应该熟练到在不看方框图的情况下能够把设备正确地连接起来，真正掌握移动导播设备的整体应用。

思考题：

1. 4信道、8信道切换台有何区别？

2. 在什么情况下必须使用有记录功能的摄像机？在什么情况下可以使用无记录功能的摄像机？

3. 为什么导播现场的监视器数量必须≥机位数 +1？

4. 一进四出的 AV 分配器是什么？

5. 导播系统中的监视器与信号返送器各有何重要作用？

6. V · OUT、V · IN、A · OUT、A · IN 各代表什么？

7. 在摄像机、录像机、分配器、切换台等、音视频设备上，可见到红、白、黄三种颜色标识（国际通用标识）的接线端口，这三种颜色各代表什么？

第三章　切换台及其功能

本章重点：

1. 了解切换台操作过程中手动切换与自动切换的特点；

2. 了解 4 路模拟切换台 WJ-AVE55 的主要功能与基本操作方法；

3. 懂得“软切”与“硬切”的概念，知道什么情况下使用软切，什么情况下使用硬切；

4. 熟悉 8 路数字切换台 AG-MX70 各按键区的功能作用，熟练掌握主要按键区的 操控。

5. 了解 8 路数字切换台 AG-MX70 的特技使用方法，熟悉画中画的操作技巧。

上一章我们学习了导播系统中所有基本设备的功能及连接方法，本章我们将要重点学习导播系统中的核心设备——切换台。有人说，导播是一个高级玩家，玩的就是切换台，许多导播也戏称自己就是一个“玩台子”的人，由此可见操作切换台的重要性和技巧性。要“玩”好这个台子，首先必须了解和熟悉这个台子，因此本章的内容就是帮助大家学习和认识这个台子——切换台。为了便于学习者查阅、接触有关切换台的资料，本章讲述有代表性的两类切换台，即早期的模拟信号切换台和现在普遍使用的数字信号切换台。

在讲述切换台的主要按键功能时，为了让台下的学生能够看清楚演示过程，教师最好将导播系统组接起来，至少用两台摄像机从不同角度固定拍摄切换台（见图3-1），借助大屏幕投影仪进行功能显示。这种形象教学能够提高学生的学习兴趣，增加学生的感性认识。

图3-1 正拍双机位

第一节 切换台

切换台是用来进行现场剪辑的实时设备（见图3-2、图3-3、图3-4）。它的作用就是在切换台外部输入到切换台的若干信号中选择一路进行即时输出。通常，切换台具备4—8个基本信号通道的输入功能，加上其他辅助输入通道，允许6—12个信号同时输入。

一、切换台的扩展功能

切换台除了切换功能以外，还有许多特技功能，如划变、分割、图形移位、粘贴、画中画合成、字幕叠加、定格、淡入淡出等，且不需生成，是一种高效多功能实时编辑设备。

二、切换台的种类

按档次级别分为普通型（见图3-2）、专业型（见图3-3、图3-4）；

按信号输入方式分为模拟型（见图3-2）、数字型（见图3-3）；

按信号输入路数分为4路（见图3-2）、8路（见图3-3）等。

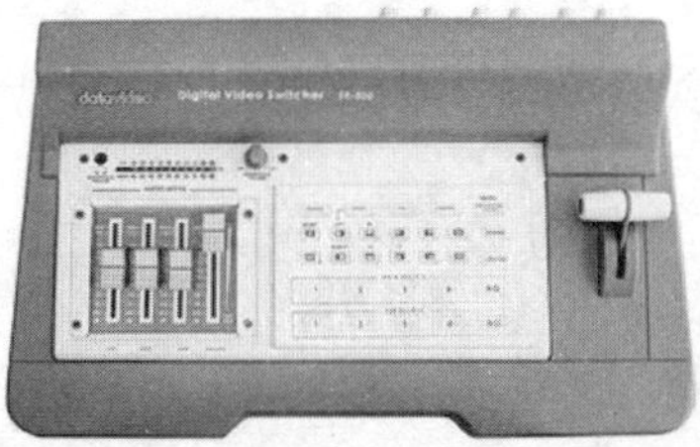

图3-2　4路模拟切换台

图3-3　8路数字切换台

图3-4　大型切换台

三、切换台的输入、输出端口

切换台的所有信号连接端口集中在切换台的非工作面（见图3-5），大大小小不同形状有十几个到几十个，看上去挺复杂，其实在使用中是不会同时用到的，而是根据信号自身的性质进行选择。主要端口的名称如下：多模式视频输入端口VIDEO IN、分量端口EXT IN、数字端口1394 、数据端口EDITOR、态励端口TALLY 、音频端口AUDIO、麦克风端口MIC、监听端口PHONE等。它们用于输入不同模式的视频信号和音频信号。SDI数字Overlay端口可以输入CG字幕图文系统的信号，USB端口可以输入以静帧图像为主的图形文件。音频端口AUDIO分为莲花插口和三芯卡口两种形式。根据摄

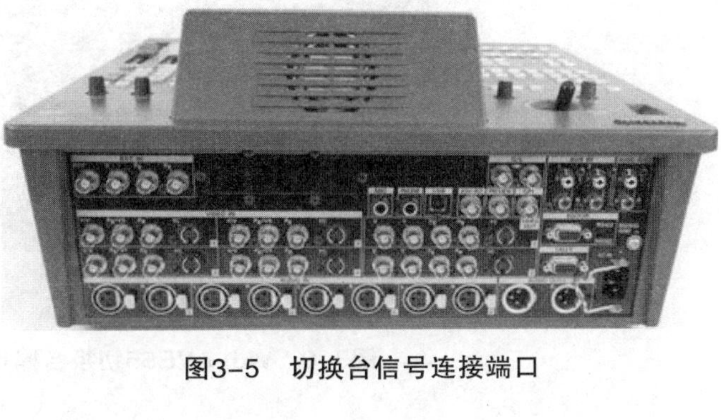

图3-5　切换台信号连接端口

像机通用的复合视频端口特点，为方便使用，切换台输入模式一般采用VIDEO端口输入。

切换台的输入端口较多而输出端口很少，一般输入端口的标识为“IN”，输出端口的标识为“OUT”。

四、切换台的键控功能

切换台的各种控制键通常有好几十个，对于初学者来说可能感到很神秘。其实一旦了解了每个键的用途，就不会感到那么难学了。因为在导播过程中，并不是所有的按键都会用到。

第二节　4路模拟切换台

4路模拟切换台即4个信道同时具备输入和切换功能的模拟切换台。

图3-6为松下（Panasonic）WJ-AVE55切换台，它只能输入4路模拟视频和音频信号。这是切换台中按键、旋钮最少的了，总共才43个按键和旋钮。为了讲述方便，这里将它分成Ⅰ—Ⅳ四个区域。由于这种切换台属于早期产品中的代表机型，因此我们将重点放在后面8路数字切换台的内容上，对这种早期切换台仅做简要介绍。这里主要讲述主控区I，对于其他三个区只做一般介绍。

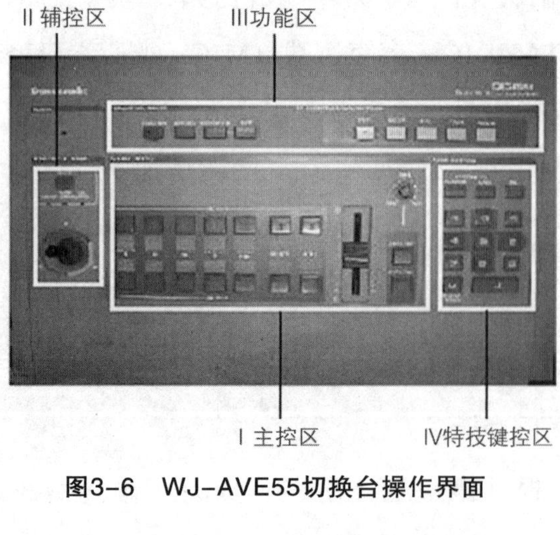

图3-6　WJ-AVE55切换台操作界面

一、Ⅰ区（主控区）

（一）功能键简介

该区域功能键的排列见图3-7。各功能键采用英文字母标识，意义如下：

信道预选键组SOURCE：它由上、下两排共8个键组成，每上、下对称的两个键为一组，主要用来对4个信道（机位）进行预选。

黑白/彩色键BACK/COL：它的作用是根据节目情景需要将画面变换成黑白构图。

效果键EFFECT：它的作用是根据需要进行特定效果选择。

静像键STILL：它的作用是在节目播出中将画面进行定格。

切换滑动键：它的作用是通过滑动对预选信道进行置换。

自动淡化键AUTO　FADE：它的作用是在非滑动切换状态下，配合时间设置钮TIME完成画面的叠化过程。

自动切换键AUTO　TAKE：它的作用是在非滑动切换状态下，配合时间设置钮TIME设置时间，完成信道间的快速跳切。

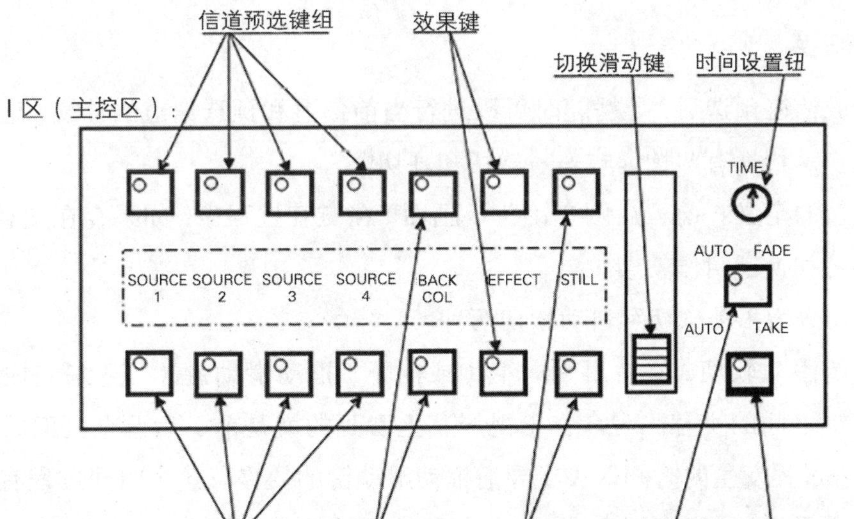

图3-7　主控区按键功能

（二）操作方法

1. 预选

如图3-7中，上下两排的前4个键（SOURCE 1—SOURCE 4），共8个预选键，是提供4个信道（机位）选择的预选键，每上、下一对键构成一组，代表1—4号机位的输入编号。按键左上角的小圆点是当前工作状态提示灯，导播在切换时，应特别注意提示灯的状态。例如，当切换到1号机位时，代表1号机位的上、下两个键的提示灯会亮，告知当前正在使用（播出）的是1号机位。注意上、下两个键的提示灯亮的状态不一样，滑动键所在的一侧的按键灯会不断闪烁，而另一侧的灯不闪烁。这种闪烁有两个含义：

一是代表与提示当前正在被采纳的机位是哪一个；

二是给予操作者提示与警告，提示下一信道（机位）的预选只能在不闪烁信号的一侧进行，不允许在闪烁的一侧进行。

如果操作者不熟练，在预选时往往会因为按错预选键而出现失误。按错预选键的结果是：造成两个信道之间的直接转换。这种转换的画面会出现瞬间静帧，这是一种延时现象（也叫丢帧），导致画面切换不流畅，出现不好的视觉效果。

2. 切换

完成信道预选后，导播随时可以进行当前信道和预选信道的转换，这一过程叫作切换。切换有两种形式——软切和硬切。

软切的定义：前、后两个镜头（画面）在交替过程中，如果存在交替时间，那么这种切换就叫作软切。

软切分为手动软切和自动软切两种。

所谓手动软切，就是用手向上（或向下）推动滑动键（杆）来完成上、下两排按键之间的交替。观众在电视屏幕上看到的就是前、后两个画面的替换过程，这一过程发生的时间取决于导播推动滑动键的快慢。这个时间过程有着特定的艺术效果，它与很多因素有关，如节目演出的节奏、特定场景的需要、艺术情景渲染等。在某些情况下，导播甚至会刻意地放慢推动滑动键的速度，让两个画面进行叠加甚至短暂停顿，增加画面的视觉效果。比如舞台上歌手的面部特写与钢琴伴奏师的手部特写的叠加，就是专业术语中的“叠化”。大部分节目都可以采用软切，但是话剧、魔术、相声类节目不宜用软切（会破坏节目的节奏和连续性）。手动软切的优点是两个画面间的转换时间可由导播决定，称为“自由切换时间”。但是手动软切的稳定性和均匀性不是很好，因此，所有切换台都有自动软切功能。

自动软切就是不使用滑动键（杆）的编程切换。自动软切功能可使画面变换过程更为均匀流畅，而且切换时间可以根据需要设定，方法是将TIME时间设置钮设置为适当的时间。松下WJ-AVE55切换台可在0—10秒之间任意设定，顺时针方向旋转为时间增加，逆时针方向旋转为时间减少。例如，将时间设置在3秒，切换信道时，导播只需点击自动切换键AUTO　TAKE即可，此时两个信道画面之间的替换过程经过3秒钟完成。总的来说，软切是一种技巧，是一种艺术，是一种经验。经验丰富的导播，既可以随心所欲地进行手动操作，也可以熟练地进行自动模式的设定操作。一个优秀的导播在操作切换台时，会让旁观者感觉是一种另类形式的艺术“表演”。

硬切的定义：前、后两个镜头（画面）在交替过程中，如果不存在交替时间（TIME=0），那么这种切换就叫作硬切。

硬切也叫跳切，它本质上就是软切时间为零的特殊状态。如果采用滑动键（杆），无论你的动作有多快，总是需要时间，无法完成真正意义上的“零时间”切换。但是在很多情况下，镜头与镜头之间的转换不容许有时间过程，因此，导播使用的切换台必须能进行信道之间的零时间切换，这就是硬切。在松下WJ-AVE55切换台上，这个过程的完成是将TIME时间设置钮设置在0的位置，操作时直接点击自动切换键AUTO　TAKE即可。所以说这种切换实质上就是自动软切时间为零的特例。

那么，具体在什么情况下使用硬切呢？一般应根据节目的类型和需要灵活掌握，比如在演出节奏比较快、场景变化多、场景比较大的节目中使用。还有一些节目和场景是必须采用硬切操作的，比如话剧、人物访谈、情景剧中的人物对话，等等。此外，播出现场突发不可预料的事件，比如镜头前突然有观众站起来遮挡了正在采用中的机位镜头、演员表演中出现失误、摄像师构图出现穿帮等，都需要导播快速跳切镜头。

二、II 区（辅控区）

这个区仅有一个选择控制键SELECT和一个RGB摇杆（见图3-8）。RGB是三基色的标识，用此摇杆可进行三基色的调整，而且可以拖拽预选的特殊图形，将图形放在屏幕的任意位置。关于这一操作方法，我们将在第三节的8路数字切换台中详细讲述。

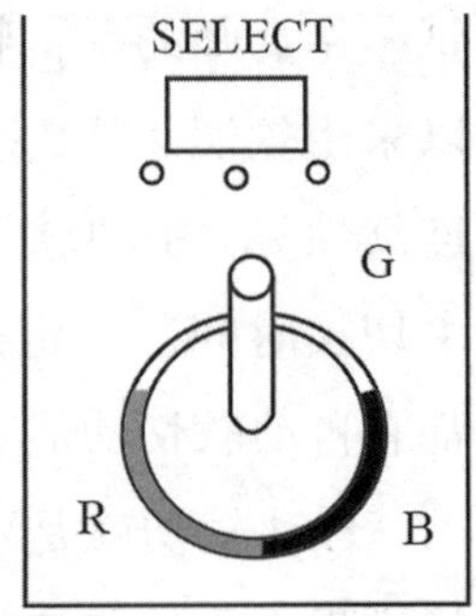

图3-8 辅控区按键和遥杆

三、III 区（功能区）

该区域功能键的排列见图3-9，各功能键采用英文字母标识，意义如下：

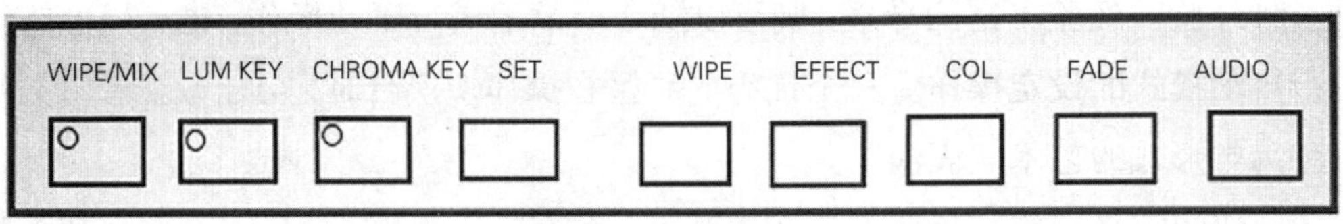

图3-9 功能区按键

数字特技合成键WIPE/MIX：此键在正常接通电源时左上角的红色提示灯会亮，但不会闪烁，在切换过程中按下此键后，提示灯会变成闪烁状态，表示切换台进入数字特技合成状态。使用WJ-AVE55切换台时，需要通过切换台后部的PREVIEW端口外接一台监视器，专门用于显示来自切换台内部输出的特技图形（见图3-10），一共有20种图形可选择。导播可以根据图形标示选择特技变化模式（详见IV区功能讲解）。

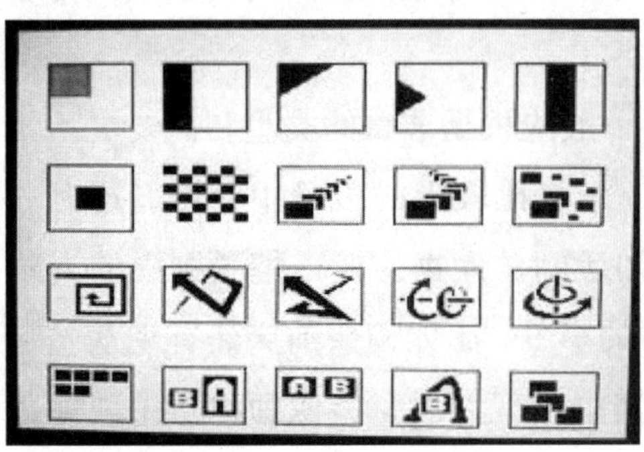

图3-10 特技图形

生成模式键LUM KEY：按下此键左上角灯亮，为数字信号模式；关闭时为模拟信号模式。

色度键CHROMA KEY：按下此键左上角灯亮，为彩色开启模式；关闭时为黑白模式。

设置键SET：配合中心调整杆进行位置设置。

数位删除键WIPE：按此键可关闭上述图形的输出。

效果键EFFECT：按此键会出现图3-11界面，其调整方法和调整键都在第IV区的四个箭头键上操作。

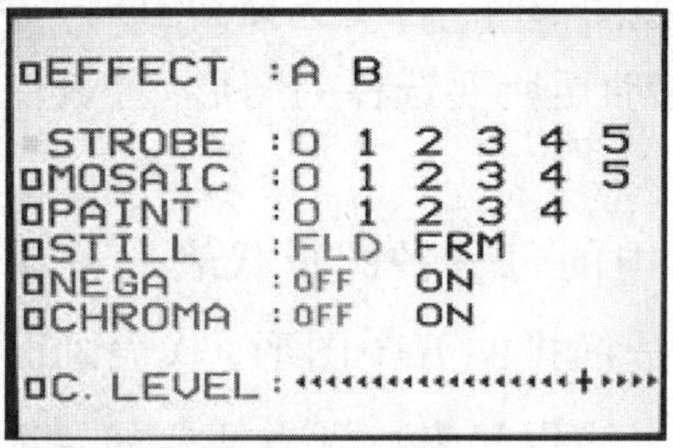

图3-11　转场效果界面

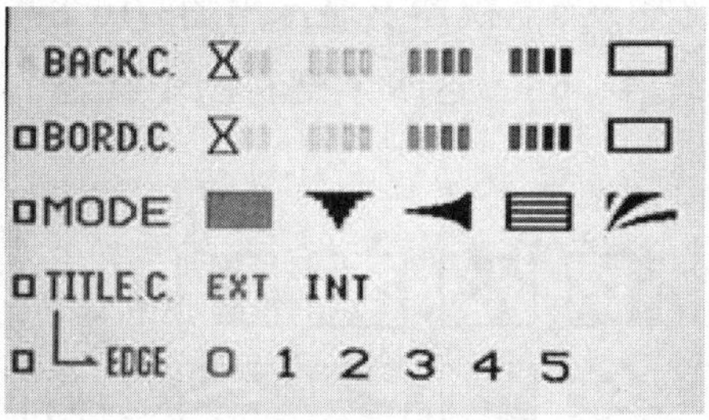

图3-12　色彩选择界面

彩色键COL：按此键会出现图3-12界面，其调整方法和调整键都在第IV区的四个箭头键上操作。

淡化键FADE：按此键会出现图3-13界面，其调整方法和调整键都在第IV区的四个箭头键上操作。

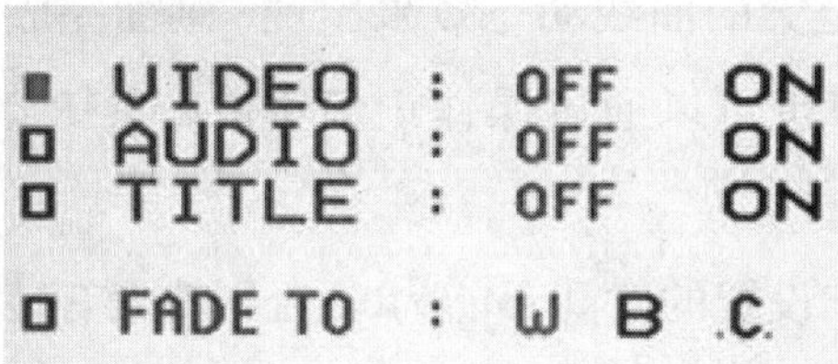

图3-13　画面淡入淡出

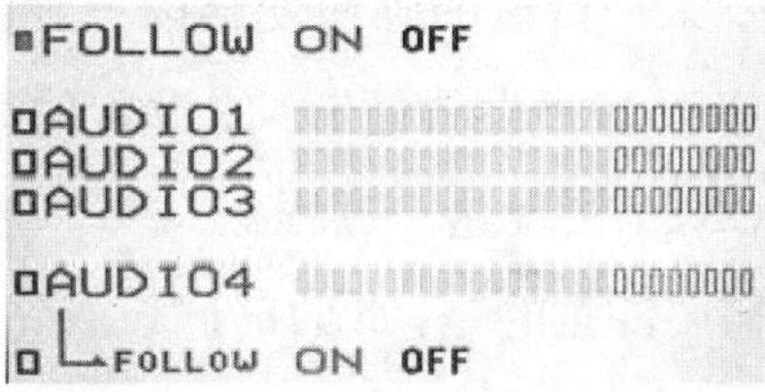

图3-14　音频输入/输出选择

音频键AUDIO：按此键会出现图3-14界面，其调整方法和调整键都在第IV区的四个箭头键上操作。

四、IV区（特技键控区）

记忆键MEMORY：按下此键时，选择的某个特技图形被记录下来，一旦操作呼叫键，马上实现所选择的记忆模式。

呼叫键CALL：主要用来配合记忆键实施所选择的动态模式（20种特技图形的某一种）

图3-15　便捷选择界面

在此区域（见图3-15）1—0这10个数字键中，2、

4、6、8四个键（图中黑色部分）非常重要，2和8分别带有向上和向下的箭头，4和6分别带有向左和向右的箭头，其功能相当于电脑键盘上的“上↑下↓左←右→”四个箭头的作用，可以协助各区域进行选项调整。

比如，当监视器上显示出图3-16[①]的20个特技图形时，若要选择其中某一个，只需用2、4、6、8这四个键将图中红色的图标移动至所要选择的图形，使其变成红色即可。

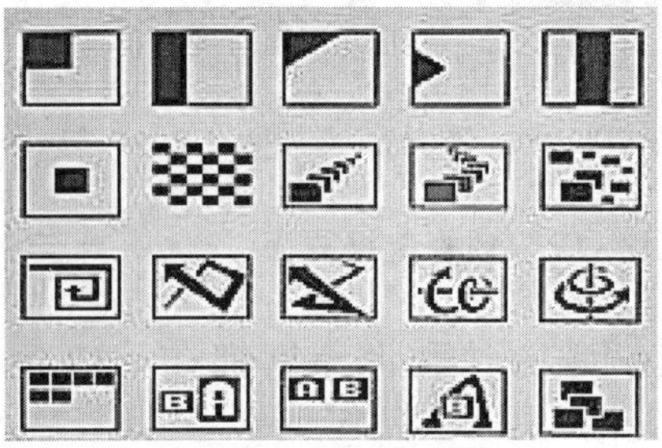

图3-16 特技图形

图3-16中的每一种图形代表一种动态特技，例如第一横排的五个图形，代表画面的五种划变功能，使用起来特别方便。如要选择第二横排左起第四个特技，方法是点击数字键6，每点击一次，可以看到红色标记从左向右移动一个图形，点击到第四次时，第一横排的第四个图形变成红色，再点击数字8，可使目标图形变成红色。此时在确定预选信道的基础上，直接点击主控区的自动转场键AUTO AWE，某一信道的画面便会以一种由小至大的曲线动态效果出现，画面完成的时间取决于时间设置钮TIME设置的时间，也可以通过操作记忆键MEMORY和呼叫键CALL实现这一过程。

需要注意的是，此时时间设置钮TIME设置的时间不能为0，否则就没有特技表现的意义。但动态时间也不要设置太长，通常设置在2—3秒视觉效果比较理想。

第三节 8路数字切换台

前面以4路的松下（Panasonic）WJ-AVE55切换台为对象，讲述了这种切换台的主要功能与基本操作要领。而目前使用得比较多的是8路数字切换台。下面以松下（Panasonic）AG-MX70机型（见图3-17）为例，进一步讲述数字切换台的主要功能和基本操作要领。

松下AG-MX70切换台是21世纪初由松下公司推出的专业级数字切换台，具备8个信道同时输入和切换的功能，以及强大的特技效果，因此很多电视台都配备了这种切换台。把这个切换台学习好了，操作其他切换台也就不会感到陌生和

① 此图与图3-10是同一幅图，为便于读者理解正文内容，复制于此。

吃力了。

AG-MX70切换台操作面板上一共有98个按键和旋钮，看上去非常神秘。根据前面的方法，这里将它分成六个区，下面分别对这六个区按顺序进行讲述。

图3-17　松下8路数字切换台

一、Ⅰ区（主控区）

AG-MX70切换台的主控区与WJ-AVE55切换台的主控区有点相似，但由于它可进行8个信道的切换，所以在操控方式上有所区别。下面根据图3-18与图3-19进行讲述。

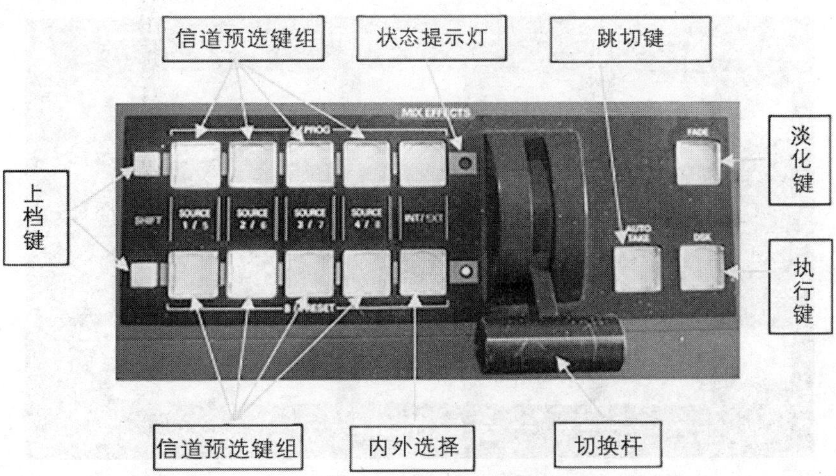

图3-18　主要工作界面

信道预选键组 SOURCE：

它由上、下两排共8个键组成，每上、下对称的两个键为一组，配合上档键可对4至8个信道（机位）进行预选。

操作要领：当输入信道（机位）在4个以内时，操作方法与前面讲述的WJ-AVE55完全相同，但要注意当前播出状态的提示不一样，上、下两排按键中均会有一个对应的按键在操作中亮灯。图3-18中亮灯的是1信道的上键和2信道的下键，这是什么意思呢？请注意切换杆同一侧亮着的小红灯（提示信号灯），表示当前正在播出的是2信道的画面。此时1信道也处于亮灯状态，有两种意思：一是表示此前播出的是1信道，也就是说，画面从1信道切换到2信道了；二是下一个预选信道是1信道，导播可以随时将画面切换到1信道。需要特别注意的是：无论切换杆在什么位置，严禁在小红灯亮起的一侧进行预选！因为小红灯亮起的一侧是正在播出的信道，如果错误地在这一侧进行预选操作，信道会直接切换到（跳转）预选信道。这种跳转会造成画面丢帧，使画面出现瞬间停顿。

当输入信道（机位）在4个信道以上时，就需要配合上档键SHIFT进行预选。请注意5、6、7、8四个蓝色的数字，字母SHIFT也是蓝色字体，当SHIFT键和某个数字键同时按下时，就是选择了5、6、7、8信道中的某一个。

如图3-19所示，上排中第3个键亮灯了，而且右上方小红灯是亮着的，表示当前正在使用（播出）的是第3信道，警告不要在此排进行预选。请注意左下方的SHIFT键和6信道键同时亮灯，表示已经预选的不是第2信道，而是第6信道，说明预选时，SHIFT键和6号键是一起按下的。

图3-19　信号切换键

在进行5—8信道预选时，如果SHIFT键没亮灯，可以重复操作，只有SHIFT键亮灯了才有效；SHIFT键没亮灯，预选的就是1—4信道；如果要撤销SHIFT模式，只需单独按下同一侧的任意数字键即可。特别强调：禁止在小红灯点亮的一侧进行信道预选。

状态提示灯：

它是由上、下两个红色发光二极管构成的，点亮时发出红色的光。在使用切换杆进行软切时，提示灯亮的状态会随着切换杆的位置变化而变化。切换杆处在上方，则上方的提示灯亮，切换杆处在下方，则下方的提示灯亮，提醒导播操作时作出正确的预选。

应该特别注意的是，当切换操作不是使用手动切换杆模式时（例如硬切、自动软切），提示灯就与切换杆的位置没有关系了。总之，无论哪种切换模式，都不允许在提示灯亮起的一侧进行预选。关于这一点，将在第五章第五节进行详述。

上档键 SHIFT：

上档键SHIFT上、下构成一对，它的作用是在预选过程中配合同一侧的按键完成5—8信道的预选。为了提示这一工作状态，其自身的状态灯会亮起，SHIFT键单独操作是无效的，必须与同一侧四个键中的任意一个键同时按下才有效。撤销时，单独按同一侧四个键中的任意一个键即可，此时变更成1—4信道的预选状态。

输入选择键 A/PROG SOURCE、B/PRESET SOURCE 4/8 按键：

如果切换台在固定演播厅使用，由于导播设备一般不会拆卸，安装时通常采用分量输入方式传输信号源。关于分量输入方式，要切记这些键负责的是8个分量信号源的预选切换，而不是模拟视频信号，但操作方法不变，主要是在输入端口的选择上不一样。

内部 / 外部 INT/EXT 图像选择：

该键不常用，主要用于为A/PROG和B/PRESET总线选择在内部视频设置页上采用的图像（INT）。同时按该键和SHIFT键时，可选择外部输入（EXT）。

切换杆：

它的作用是通过上下拨动对预选信道进行切换。其功能及操作方法与前面讲述的WJ-AVE55切换台类似。当然，AG-MX70切换台的拨动杆比WJ-AVE55切换台的滑动模块手感更好，操作更方便。

自动切能键 AUTO TAKE：

通常情况下，导播习惯使用手动切换杆完成信道的切换，因为这样可以随心所欲地控制切换时间和切换速度。前面我们已经讲过某些特定情况或者特定节目需要更匀速的切换或者0时间的跳切，在这些情况下，导播必须放弃切换杆的手动切换模式，采用自动程序设定模式，这就是AUTO TAKE模式。AUTO TAKE配合Ⅱ区（设置区）中的ME键和时间设置钮TIME，可以进行个人时间——ME Time的设置（在下面的Ⅱ区功能中讲述）。

例如，当ME Time时间设置为2秒（s）时，按下AUTO TAKE键，两个信道之间的切换在2秒内完成，这一过程的进行是非常均匀的。这就是我们所说的自动软切，最长时间设置可以达到40秒，其设置精度以帧为单位，也就是说，可以精确到1/25秒。

当ME Time时间设置为0时，即ME Time=0就是硬切（跳切）。此时，按AUTO TAKE键，信道之间的切换时间为0，自动完成快速跳转。

淡化键 FADE：

使用该按键可以使画面淡出淡入。执行前，指示灯点亮；淡化进行期间，指示灯闪烁；淡化结束，指示灯停止闪烁。注意，淡化操作中的时间设置FADE Time不能为0，否则就是叠画效果了。TIME键设置为几秒，就表示淡入淡出的时长为几秒。

执行按键 DSK：

它是淡化键FADE的执行按键。按下DSK键，前面设置好的FADE键功能将会实现。执行期间，指示灯闪烁，执行完毕后，指示灯停止闪烁。

至此，Ⅰ区（主控区）的功能与操作全部讲述完毕，下面讲述II区。

二、Ⅱ区（设置区）

AG-MX70切换台的设置区如图3-20所示，下面分别讲述：

监听音量设置钮 PHONES：

该旋钮用于调节控制后面板监听耳机插孔PHONE 输出音量的大小。逆时针往MIN方向旋转该钮，音量减小；顺时针往MAX方向旋转该钮，音量增大。

此外，在淡变开始前使用DSK/FADE 淡变设置可监听要淡变部分的声音，即便使用音频淡变时也能听到这部分的声音。注意，监听声音从后面板输出，由于音频计显示Prog输出电平，即使耳机自身电平改变，它仍将保持不变。

图3-20　设置选项界面

时间设置钮 TIME：

该旋钮用来设置ME、DSK、FADE转换时间，设置中的时间数字显示在V区的数字显示屏上，见图3-21。在ME、DSK和FADE三种时间设置中，不能同时选择。选择其中一种时，被选择的按键灯会亮，而且会自动关闭其他按键的亮灯模式。导播在选择自动软切或硬切模式时，必须进行软切的转换时间设定或硬切模式的0时间设定。具体方法如下：

对于软切，首先，按下ME键，此时ME键的灯会亮，然后旋转TIME旋钮，逆时针旋转为时间减少，顺时针旋转为时间增加。观察切换台中间的显示屏（见图3-21），可以看到在调整过程中，ME Time字母下方的数字变化情况。例如图3-21中显示的数字“02:16F”，表示此时设置的时间是66帧，或者说是2秒16帧。我们知道电视画面每秒播出（或拍摄）25帧，在采用秒为计时单位时，每25帧就会进1秒，所以“02:16F”就是66帧画面，这里的“F”就是“帧”。

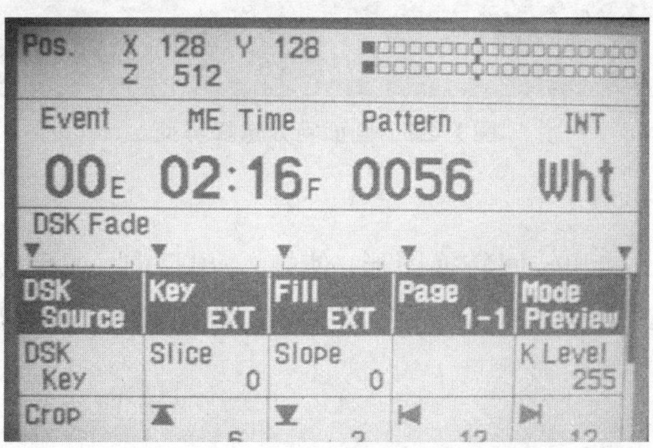

图3-21　切换时间设置界面

对于硬切（跳切），由于画面的跳转时间要求为0，所以在上述操作中，只需将ME Time字母下方的数字设置成00:00F即可，设置完毕关闭ME键可锁定设置的时间。

当分别按下DSK和FADE键时，显示屏中的ME Time语句会先后变成DSK Time和FADE Time，此时使用时间设置钮TIME可以改变时间设置。例如FADE状态下设置时间为02:16F，表示在进行自动淡出FADE操作时，其画面淡出的时间为2秒16帧。

三、III 区（特技区）

AG-MX70切换台的特技操作与WJ-AVE55切换台相比更加直观，不需要外加独立监视器，根据按键上的图形就可以进行直接的选择和操作，配合IV区（组合区）还可以设置尺寸、形状、截图、位移、粘贴，等等。这个区的功能键如图3-22所示，下面结合此图讲述。

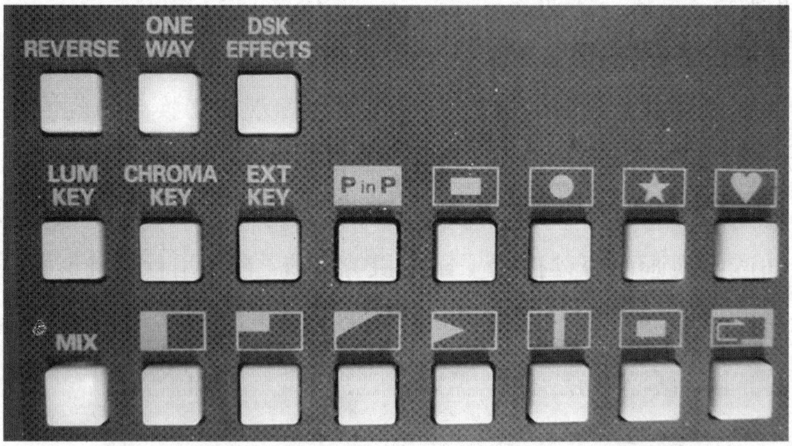

图3-22 画面特效选择界面

反向键REVERSE：

该按键用来反转和转回转换图形，使帧入/出反向，或反转色浓度键、亮度键、外部键和字幕α键信号。对于没有反向操作的图形，按键灯闪烁，表示这些图形不能被反向。

ONE WAY按键：

在A、B总线设置阶段，按该键可从一个方向把转换图形设为另一个图形。对于预设总线、主输出总线、没有反向的图形，如果按键灯闪烁，表示不能执行该设置。

DSK EFFECTS 按键：

当该按键设置为ON位置，转换图形和3D-DVE被用于DSK，将ME设为Diss。当DSK效果处于ON时，不能选择色度键和亮度键，OFF为该按键的缺省设置，并且某些图形不能用于DSK效果。

第二排中的前四个键为亮度键LUM KEY、色度键CHROMA KEY、指示键EXT KEY和画中画键PinP。后四个键是应用图形键，按下这些键可以得到画中画效果。画中画的形状分别是矩形、圆形、五角星、心形，其大小、位置可以配合第IV区的按键进行设置、定位。

第三排中的第一个键MIX是混合键，按下它指示灯亮起，表示可以进行右边七个特技键的操作。这七个键全部是动态图形变化效果，从左至右依次是：

- 水平划变，表示预选画面从左向右（或从右向左）逐步取代先前画面；
- 水平+垂直划变，表示预选画面从水平和垂直两个方向同时变化，逐步取代先前画面；
- 斜向划变，表示预选画面从左上角向右下角（或从右下角向左上角）逐步取代先前画面；
- 双斜向划变，既有水平、垂直划变，也有斜向划变；
- 幕启或幕闭式划变，表示预选画面以大幕开启（或关闭）的模式出现；
- 渐出或渐收式划变，表示预选画面从屏幕中心从无到有逐渐打开（或从四周向中心关闭）；
- 环扫划变，表示预选画面从屏幕最外围开始螺旋状扫描快速形成整个画面。

上述操作分为手动和自动两种模式。手动就是导播在确定预选信道后，在以上特技图形按键中按下某键，然后使用切换杆完成特技模式下的手动切换，其时间把握完全取决于导播的手感和思维意识。通常情况下，导播也会使用自动切换模式，完成预选信道后，将ME Time时间设置在某一数字，然后按下自动切换键AUTO TAKE，被选择的信道会在设定的时间内匀速地完成切换。

四、IV 区（组合区）

组合区主要用来与III区的特定图形进行调整与设置，下面结合图3-23来讲述。

图3-23 画面特效组合界面

（一）按键功能

POWER 电源开关：

AG-MX70切换台的电源开关在初始接通状态ON时，整机会自动预热20秒左右进入正常状态。关闭电源时，操作面板上的所有数据会自动记忆，在下一次开机时显示上一次关机时的所有数据。

X/Y 水平 / 垂直及色度操作杆：

此操作杆可以用于X水平方向与Y垂直方向上的图形位置设置和色彩设置，以及校色器UV白平衡与色饱和度设置。

注意设置色度键时，此操作杆还可以用作选择蓝背景的X/Y控制器。

Z 旋转控制器：

此控制器用于在图形设置期间设置图形尺寸Z，在色彩设置期间设置亮度Y。

SCENE GRABBER 图形粘贴键：

在选择了某一特技图形时，按下此键能够将选择的图形粘贴并移动至屏幕上的任意位置。例如，显示有一定空间距离的两个人通电话的情景画面，等等。

CENTRE 中心恢复键：

这个键按下时，有两个作用：一是在色彩设置时，色饱和度被自动复位为0；二是在移动图形位置时，它可使图形位置自动回到中心（对中）。

HOLD 锁定键：

按下该键时，操作杆的操作被锁定，操作杆暂时不能进行操作，但是自动对中依然有效；关闭此键时，操作杆之前的设置将被更新。

ASPECT 比例控制钮：

该控制钮用于对选定的特技图形的高宽比进行调整。当它向H方向旋转时，图形的宽度（X水平）增加；当它向V方向旋转时，图形的高度（Y垂直）增加。注意，此键只有在其下方的组合按键ON按下亮灯时，方才有效。

ON 高宽比组合键：

当该键处于ON时，ASPECT比例控制钮生效；此键关闭时，ASPECT比例控制钮无效。

EDITOR 编辑键：

使用外接编辑系统RS422时，该键用于激活或者禁止控制编辑器。当该按键的灯亮（ON）时，接受来自编辑器的设置；当它熄灭（OFF）时，设置取消，但可以用手动方式进行设置。

（二）课堂训练

结合I—IV区，我们对这几个部分进行综合实践操作训练。为了达到学习效果，这里模拟8个信道输入模式，1—4信道和5—8信道各有两台摄像机（或者其他信号源）作为信号源，以便在1—8信道中进行预选实践。注意，1—4信道用单键预选，5—8信道用“SHIFT键+单键”预选。

实训一：四个基本特技图形的展示如图3-24所示。

实训二：特技图形的应用。在同一个画面中表现两个在不同空间的人物通电话，即画中画特技，如图3-25所示。

步骤：

（1）用两台机位分别反打构图；

（2）确定其中一个画面为主画面；

（3）按下四个特技图形中的方形键；

（4）用X、Y摇杆选择小画面的构图；

（5）用旋钮Z选择小画面的大小；

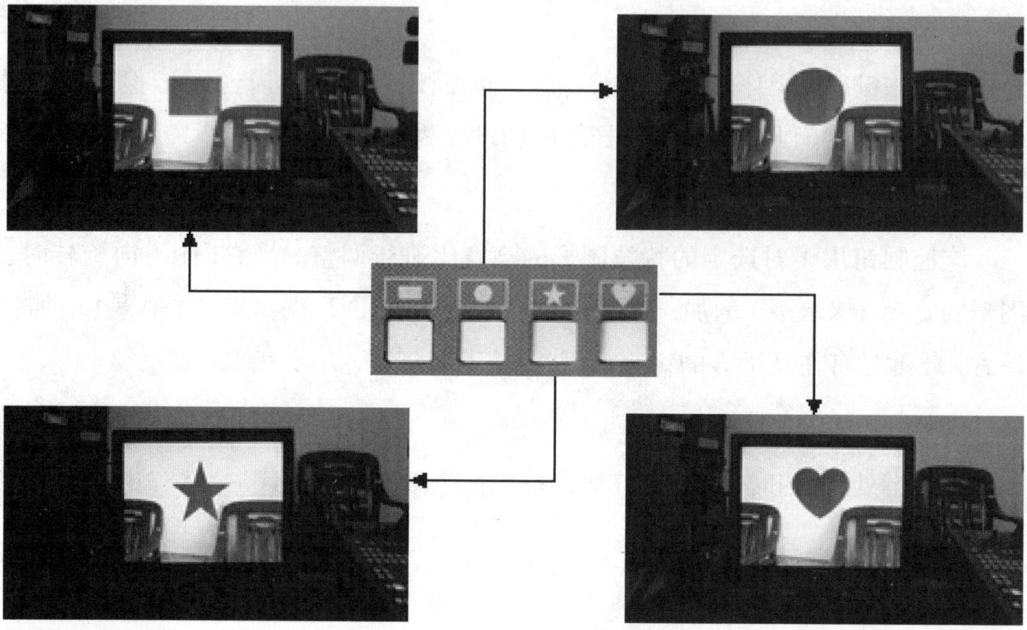

图3-24 基本画面特效演示

（6）按下粘贴键SCENE GRABBER进行截图；

（7）用X、Y摇杆将小画面拖到右上角。

图3-25 基本画面特效演示

五、V区（数据显示区）

图3-26是数字显示屏，它是用来显示各种数据设置状况的。右下角的旋钮用于调整显示屏的亮度。正下方五个旋钮分别用于相关数据的设置。通常情况下，数据是固定的，很少进行修改，经常需要调整设置的是ME Time，所以显示屏以状态显示为主。

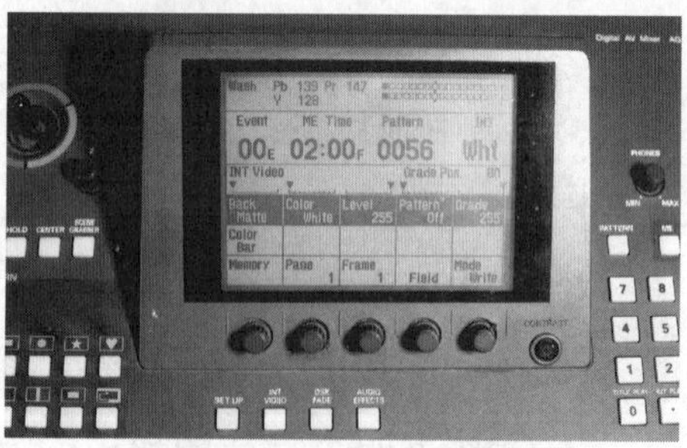

图3-26 数字显示屏

六、VI 区（音频控制区）

AG-MX70切换台的音频控制区如图3-27所示，左边四个键为1—8信道音频输入控制键。由于摄像机的录音效果受到拍摄环境、拍摄距离等因素的影响，声音采集效果不理想，因此大多数情况下，摄像机都不输送音频信号。音频采集工作由专业的录音设备和录音师进行，所以这四个键通常处于非工作状态，即处于图中的最底端MIN位置。

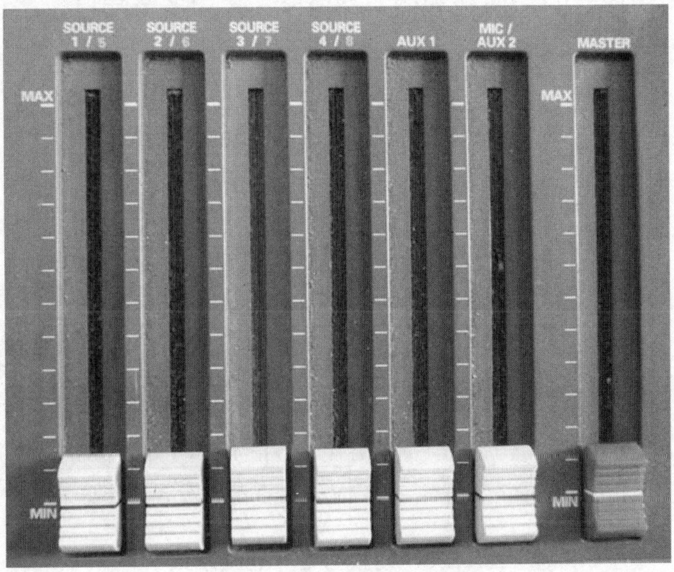

图3-27　音频控制区

但在某些大型演出现场，为了表现现场观众的反应场景，导播一般会在1—8个机位布置一台游机，专门拍摄观众反应的镜头。这台游机是带有音频输出线直接输送到切换台的，因此上述音频控制键中必须有一个对应的按键处于某一位置。当导播切换到游机所在信道时，来自游机的音频信号与视频信号同时混合送出。第五个键（AUX1）和第六个键（AUX2）是混录键，比如某些节目需要进行配音或者使用其他音频特效时，从切换台的后面板可以输入麦克风等音频信号，通过这两个键进行音量控制。第七个红色的键（MASTER）是总音量控制键，无论左边六个键处于什么位置，只要这个键处于最低端MIN，就不会有音频输出。所以，如果需要输出某信道音频，这个键必须设定在某一位置。

为防止干扰，除非插播广告或者录制特殊的现场音，一般情况下，现场节目的音频通常不在切换台进行混合。导播会要求节目现场的音控师将音频信号直接送到录像机，以完成视频和音频的高保真混合录制。

第四节　AG-MX70数字切换台的数据端口

AG-MX70切换台的后面板如图3-28所示，有50多个端口，看上去比较复杂，实际操作时较有规律，下面根据图示的六个区域进行讲述。

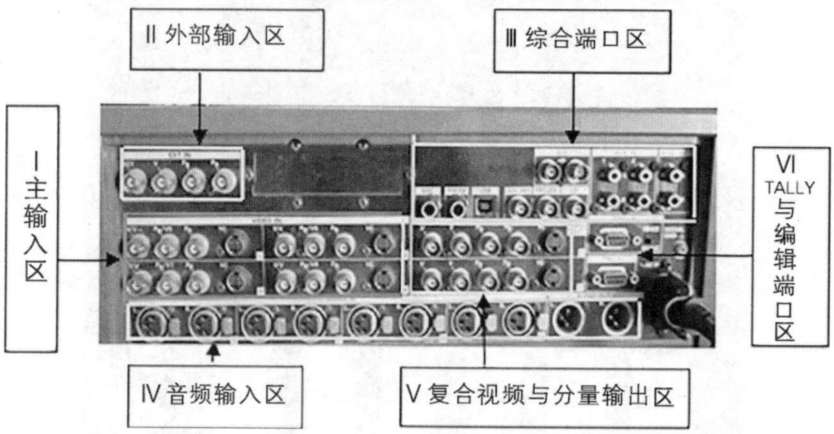

图3-28　切换台信号连接端口

一、Ⅰ区（主输入区）

这一部分如图3-29所示，注意图中最上面的英文VIDEO　IN，意思是视频输入。这一部分分为1、2、3、4四个对称区，共有16个输入端口，其中四个Y/V（亮度/复合）共用输入端口，四个P_B /V*n*（蓝/复合）共用输入端口，四个P_R（红）为独立输入端口，四个YC（亮度/色度）为复合输入端口。如果采用复合视频V输入方式，这里的字母V实际上是单词Video（视频）的缩写。按照图中顺序，8个信道的排列依次是V1、V5在第1个格区内，V2、V6在第2个格区内，V3、V7在第3个格区内，V4、V8在第4个格区内。所以，导播在安排机位时应注意对应的机位编号次序。

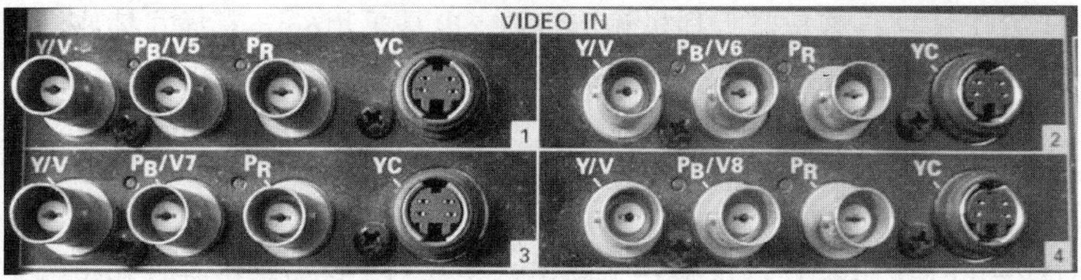

图3-29　视频信号输入端口

二、II 区（外部输入区）

这一部分如图3-30所示，EXT IN是外部输入的意思。KEY是外部键输入接口，该接口能够用于触发应用场合，也可用于同步锁相信号。Y是外部亮度输入接口，交叉点EXT或者DSK　Y信号被输入到该接口，可以在DSK/FADE设置页上设置DSK源。

图3-30　外部（辅助）信号输入端口

PB、PR是外部分量信号输入接口。来自外部的蓝色PB和红色PR分量信号被输入到这两个接口。注意，由于输入信号不通过帧同步器，因此它们必须与本设备同步。

三、III 区（综合端口区）

这一部分既有输入也有输出，既有视频也有音频，既有模拟信号也有数字信号，下面结合图3-31进行讲述。

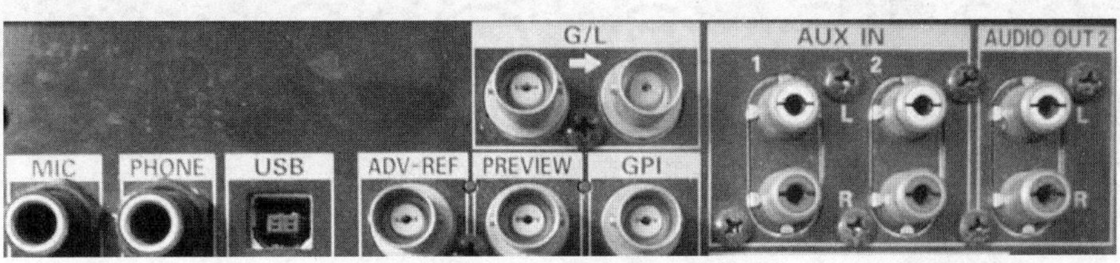

图3-31　综合信号连接端口

MIC接口：这是麦克风输入接口，采用6mm直插式插座。配合前控制面板上的音频控制区AUX1、AUX2，可以控制MIC音量。

PHONE接口：这是监听耳机输出接口，也是采用6mm直插式插座。配合前控制面板上的PHONE监听音量控制旋钮，可以监听、控制音量。

USB接口：该接口可以连接字幕机、个人电脑等，但是需要配备相应的数据线。

ADV-REF输出接口：这是一个高级参考接口，它为高级垂直相位输出参考信号源提供输出。

PREVIEW预览输出接口：图形预览选择器按键选择的信号从此接口输出。

GPI输入接口：应用触发器并且为在初始位置页上选择的ME、DSK或者淡变激活转换。

G/L同步信号输入接口：这两个接口是环通、自动端的接口，它们用来为外接录像机、摄像机以及其他源信号做初始同步锁相。

AUX IN和AUDIO OUT2：双声道音频信号输入和输出接口。

四、Ⅳ区（音频输入区）

这一部分全部是音频输入端口（AUDIO IN），如图3-32所示，两个为一组，采用三芯卡侬端口，抗干扰及屏蔽效果好。这种卡头带有自锁装置，插入后吻合效果非常好，插头与插座之间不会脱落，拔出时一定要按下解锁用的小凸耳，否则无法将插头拔出。当信道源为4路时，L、R分别表示左、右双声道模式。如果用于8个音频信道输入，则全部变成单声道输入模式，图中的1、2、3、4分别可以代表[1、5]、[2、6]、[3、7]、[4、8] 8个信道的单声道音频输入。

图3-32 音频信号输入端口

五、Ⅴ区（复合视频与分量输出区）

这一部分是切换台的视频信号输出端口。在图3-33中，右上角VIDEO OUT的意思是视频输出。上、下两排的端口是对称的，也就是有着同样的输出意义。这些端口的输出信号分别是V——复合视频信号输出、Y——亮度分量信号输出，PB、PR为蓝、红色度信号分量输出，YC为亮度和复合色度信号（三基色）输出。操作时可根据需要和设备的连接情况选择对应的输出模式。

图3-33　视频信号输出端口

六、VI 区（TALLY 与编辑端口区）

这一区域见图3-34。在这一区域里，左上角EDITOR是外接线性编辑机端口，它可以外接两种编辑设备，即RS422和RS232C，通过开关的上下位置选择线性编辑机类型。开关置于上端是RS422编辑机接入，开关置于下端是RS232C编辑机接入。左下角是状态激励TALLY接口，通过外接的激励控制设备可以将切换台当前正在采用的信道状态返送到各个机位，同时还可以对所有机位的光圈、焦点进行随机控制，大大降低摄影师的工作强度，保障拍摄画面的质量并提高工作可靠性。右上角的SIGNAL GND是切换台与其他设备的共地接线螺栓，可以起到防止电源干扰的作用。右下角的～AC IN是电源插孔。AG-MX70切换台适合使用我国220V交流电源。如果TALLY不具备画面返送以及光圈控制条件，使用中也可以只接一个简单的TALLY器，用信号线接到各个机位，依靠发光二极管来显示工作状态。发光二极管亮起时，表示本机信号目前被采用，反之亦然。这也是一种简单有效的提示方法。

图 3-34　TALLY系统与线性编辑机端口

第五节 便携式一体化导播系统

在上一节中，我们已经详细讲述了松下WJ-AVE55切换台，在本节我们再简单介绍一款索尼（Sony）公司的MCS-8M数字高清切换台（见图3-35）。它的体积与松下WJ-AVE55切换台差不多，比松下AG-MX70要小很多，操作按键也相对少一些，操作更为简便。特别是将它与相关设备组合起来，就可以构成一个完整的移动型导播系统，如图3-36所示。它可以兼容处理标清和高清多种格式，还具有3D切换功能，可以用来制作基本的3D视频节目。这款简洁易用、功能强大的多格式小型切换台，同时具有视频和音频处理功能，既是一款8通道视频切换台，又是一款6通道音频混音器；可设多种DME划像图案，有一个内置的多画面显示处理器、一个通道存储输出，每个信号源均具有一路输入静止功能，可通过USB端口输入静止画面。它的组合中包含一台17英寸的显示器，可显示分割的4画面和8画面；一台ATC-150通话对讲系统主站，可进行1对8全双工对讲；一个完整的8路TALLY系统，可实现对每一个机位的图像信号返送与FF（焦点、光圈）调控；一台高清硬盘数字录像机以及一套完整的供电系统。

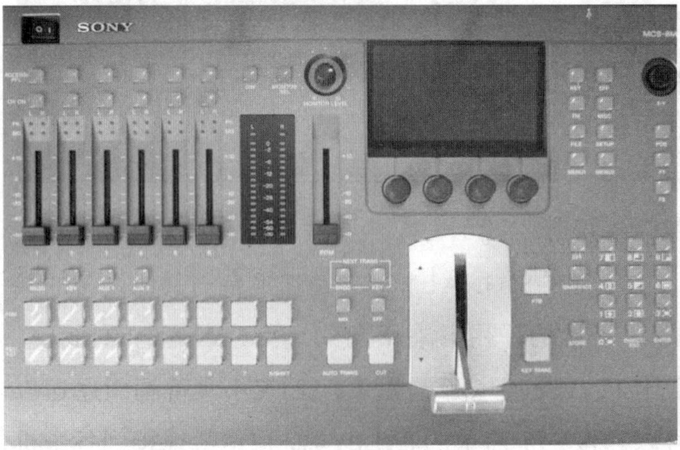

图3-35 索尼数字高清切换台

图3-36 移动型导播系统

值得一提的是，MCS-8M切换台的预选程序除了具备AG-MX70切换台同样的功能外，还可以直接切换。因此，这套组合导播系统非常适合一般的中小型节目制作，也适合进行专业教学。图3-37是可与MCS-8M配接的外围设备，图3-38

是MCS-8M后面板插口与设备的配接图。关于一体化导播设备详见本书附录。

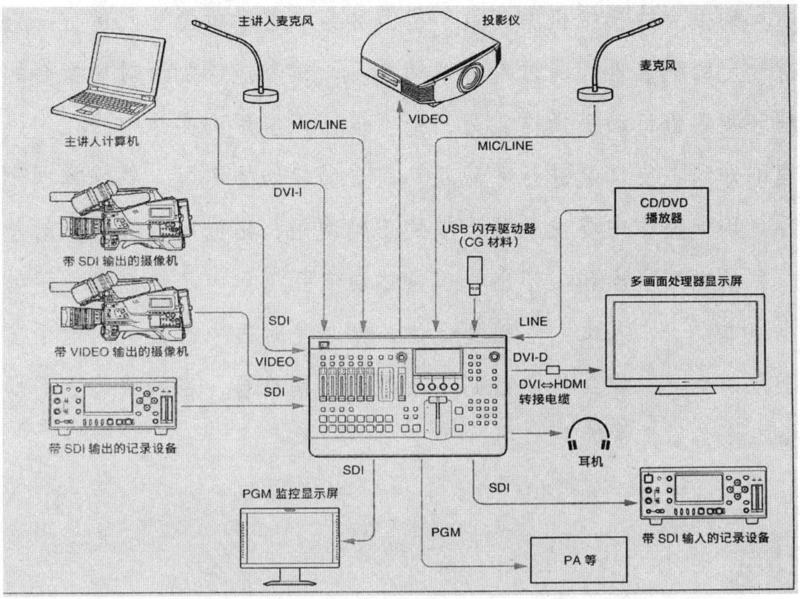

图3-37　可与MCS-8M配接的外围设备

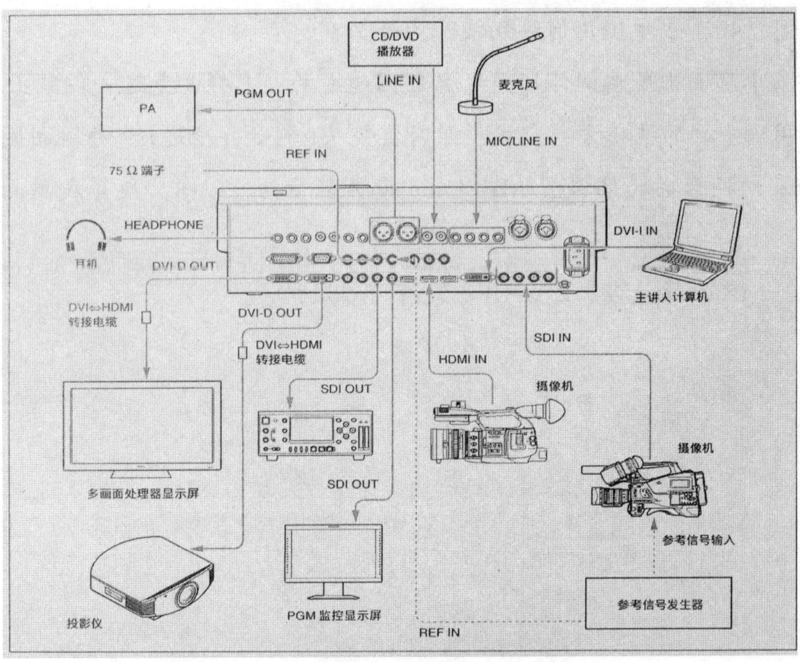

图3-38　MCS-8M后面板插口与设备配接

本章小结：

这一章对切换台的模拟机型、数字机型和组合移动机型分别进行了讲述，介绍的机型均有一定的代表性。通过对本章的学习，读者能够加深对切换台的了解。要特别注意结合实践进行动手操作实习，把理性认识应用到实践中，在实践中加深理解，巩固理论知识。要反复进行手动软切、自动软切的练习，熟练掌握硬切的基本要领和方法。切换操作中要注意预选键的正确使用，出错时，应该及时总结经验，反复体会，尽量做到少出错、不出错。虽然在实际工作中不会经常使用特技图形和效果，但是基本要点、基本方法必须记住，尤其是对画中画技巧的运用要做到非常熟练。学会举一反三，在工作中遇到不同型号的切换台，都能快速上手操作。以上是从事导播工作必须具备的基本功。

思考题：

1. 软切在画面上的表现过程是怎样的？哪些类型的节目不宜使用软切？

2. 硬切有什么特点？它与软切有什么区别？

3. 紧急情况下应该使用何种切换？为什么？

4. 切换中画面出现瞬间停顿是什么原因造成的？怎样避免这一现象出现？

5. 试用画中画的技巧方式完成几组时空镜头（例如异地通话、异地新闻连线等）。

6. 如果切换台的时间设置 ME Time 读数显示为 03:18，换算成画面帧数是多少帧？

7. AG-MX70 切换台上的 SHIFT 键有何作用？

第四章　导播团队的前期准备工作

本章重点：

1. 正确理解“视点”的概念，了解导播在制作节目前要进行哪些准备工作；
2. 懂得导播前期准备工作的重要性和必要性；
3. 熟悉前期考察的基本内容；
4. 懂得并熟悉机位布局的模式、要点与方法；
5. 熟练掌握多机位白平衡调整的步骤与检验；
6. 熟练掌握架机要领与布线技巧。

在前面几章中，我们已经学习了导播的基本概念、团队组成、导播设备以及切换台操作等，为后面进一步学习导播理论和导播实践打下了基础。从这一章起，我们开始学习导播的前期准备工作。对于固定场地的导播而言，前期准备工作会因为设备以及场地的不变而显得简单。本章主要讲述非固定场地的移动导播模式，以便学习者全面地了解和掌握移动导播工作的全过程。

第一节　团队组建

一、组建团队的目的

第一章已经讲述了导播团队的结构，介绍了导播团队的分工情况，本节主要讲导播团队组建过程与形式。

电视导播是一门集艺术、技术和电视意识于一体的综合性工作。电视导播的创作思维和部署必须在操作电子设备之前就已经形成。电视的本质要求导播通过指挥一个制作团队操作复杂的机器设备来表达一系列视像。导播必须把意图交代给制作团队，同时通过镜头的选择，并运用声音来辅助视频以最终完成节目。从这个意义上来说，保证团队的正常运转是导播组建团队的目的。

二、团队稳定的重要性

导播团队的实力直接影响到节目播出的效果，对节目播出的质量起着关键作用。因此，作为团队中的首领，导播应非常重视这支队伍的组成与建设。通常在电视媒体这一块，这支团队一旦组建就不能轻易解散，即使有的团队成员可能还要担负其他日常工作，但是作为团队的一员，他必须服从团队的工作安排。这支队伍的基本结构不变，但是人数并非不变。团队的人数会因为节目的内容和规模而临时改变，规模大人数多，规模小人数少。经常在一起工作的团队成员能更好地理解、领会、接受导播的言行、想法和意图。如果团队成员经常变换、不稳定，导播带领的就是一支相互不熟悉的团队，工作起来会非常困难。

组建团队的关键在于找到能满足节目制作需要的各岗位人员，同时团队成员之间应该配合默契。导播工作的成败，很大程度上取决于这个团队的质量。

三、学校导播团队组建的特殊性

作为有教学任务与培养目标的学校，基本上每学年都要组建一支这样的学习团队。导播团队一般是在大学三年级组建的，通常由摄影摄像、节目制作、电视编导等相关专业的学生联合组成，分成若干个梯队。在这一年里，在专业老师的带领和指导下，学生们会系统地学习和完成很多节目的导播实践工作，并利用学校的演出舞台进行大量的节目导播实践活动。但是一年后，这支团队会随着学生的毕业而自然解散，然后又组建下一支团队。如此周而复始，使得一支团队刚趋于成熟就不得不解散。对于教学来说，这是正常的；但对于专业媒体部门来说，这是非常痛苦的，不能这样。

四、团队存在缺陷的影响

有的教科书说导播是EFP节目制作中心，或者说导播是EFP节目制作的灵魂人物，这是很有道理的。但一个人能力再强，也无法单独完成所有任务。如果工作人员不配合，或者配合不默契，导播便会急如热锅上的蚂蚁。尤其是现场直播的节目，如果一个岗位上的工作人员业务不熟练，屡屡出错，就算是能力再强的导播也无力回天。即便是录播节目，因为工作人员的失误，导致录制工作反复重来，也会使原本尽心尽力的其他工作人员的情绪跟着受影响。更有甚者，等到最先失误的人员修正好后，另一个人或者单位又发生失误，这样就会影响整个团队的士气与工作进展，甚至产生恶性循环，导致录制工作无法顺利进行。

所以，一个优秀且有经验的导播，在每次节目开始之前，一定会召集团队成员讨论工作方案，给各个岗位分配具体的任务，研究本次节目的特点，详细部署技术要求，使每个人都明确自己的任务，并达成统一的认识，确保节目播出万无一失。

第二节　现场考察

多信道电视节目现场制作按节目类型通常分为“可预演节目”和“不可预演节目”两种。歌舞、戏剧、音乐会、庆祝活动等这种可以预看或预演的节目称为“可预演节目”，而现场直播的时事新闻、体育赛事等无法预看或预演的节目则称为“不可预演节目”。对于可以预看的节目，导播团队一定要预先观看。

一、现场考察的目的

导播在接到一台节目的导播任务后，除了要熟悉、了解台本之类的个人任务之外，还必须带领团队的全体人员去节目演出现场考察。现场考察有两个目的：一是场地考察，这是对节目本身进行的场地及周边环境的考察，以为确定所需摄像机的数量、架设摄像机的位置（特别是摇臂位置）提供依据，同时确定导播工作台的位置设在哪里比较合理；二是考察节目情况，也就是我们常说的看彩排。这两个方面的考察是非常必要的。通过考察，导播会做出重要的决定。在某些情况下，导播会因为现场机位数的增加而调整团队结构，尽管这样做可能会带来一定的困难，但不得不做出这样的决定，因为要尽可能地占据和利用最佳视点的位置，必须靠一定的机位数来保障。至于导播工作台的位置，以不受现场观众的影响和线路架设方便、安全为准。如果是在露天场地，有条件的情况下要隔离出一个安全区。

二、最佳视点位置的确定

这里必须了解一个重要的概念：视点位置。所谓视点位置，就是观看节目的位置。演出现场的观众分布在不同的区域，有前、后、左、右之分，因此，在视觉上会产生一定的差异。舞台剧和电视剧在视觉形式上都是用比例相近的视窗（舞台台口宽、高之比为12 :7，电视屏幕宽、高之比为16 :9）来表现，不同的是前者具有三维空间效果，后者仅有二维平面效果。正因为如此，我们在看电视时，无论在哪个位置观看都不会改变画面的视像效果（仅有很小的透视歧变）。但是，观看舞台节目就不一样了。由于其三维空间的特点，观众在台下不同位置观看会产生不同的视像效果（如人物背景、面部表情等）。也就是说，不同区域的观众观看同一对象时，会产生不同的视点差异。比如，舞台两侧的观众观看摆在舞台中间的一个正方体，左侧的观众看到的是正方体的左侧面和正面，而右侧观众看到的是正方体的右侧面和正面，这就是典型的视点差异。如图4-1所示，站在舞台台口左侧的主持人在面光和左侧追光照射下，A、B、C三个区域的观看效果最好的显然是A区。但是如果左侧追光关闭，右侧追光打过来，情况将发生改变，B区、C区的观看效果将得到改善，A区变差。因此，导播考察现

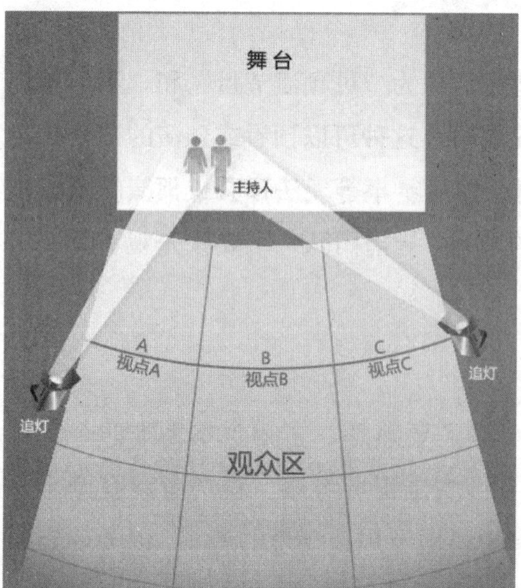

图4-1 视点位置

场就是为了占据现场的最佳视点位置。业内有一句话：现场观众看热闹，电视观众看效果。意思就是现场观众以感受现场氛围为主，因为不是所有现场观众都有好的视觉位置，特别是那种大型户外演出活动，距离远、空间大，观众甚至连演员长什么样子都看不清楚。坐在电视机前观看节目的观众反而能够看到最佳画面效果，这就是导播在现场安排的所有机位都是最佳视点位置的结果。

三、观看节目彩排的重要性

观看节目彩排是很重要的程序，不能缺少，特别是对于自己不熟悉的节目更是如此。只有先观看彩排，导播才能心中有数。有条件时，导播还应该带机参与彩排，只有这样，临场才能准确地调度镜头。团队中的其他人员也是如此，通过观看彩排甚至参与彩排，充分了解节目过程，以便更好地明白和理解导播的指令与意图。不难想象，如果事先不了解节目、不观看彩排，导播和团队要想完美地做出整台节目而不出瑕疵，是多么困难。

当然，某些节目可能没有彩排过程。比如体育赛事、纪实新闻、颁奖活动等。那么这就需要导播有丰富的临场经验和处理问题的应变能力。还有些节目虽然有彩排过程，但是导播不必大费周章地去准备，比如相声、曲艺、人物访谈等。因为这些节目基本上很少有场景调度，导播过程相对比较简单。

总之，任何一个导播都不会轻易放过现场考察的机会，不仅要看，而且要认真看。必要时，导播还会用单机拍摄下来，带回去反复看，认真研究，做好镜头脚本，目的就是确保导播的过程不出差错。

第三节　机位布局

制作多信道节目时，复杂的制作现场决定了导播必须具有很强的全面控制多信道节目拍摄现场的能力。导播必须把所有实施细则考虑周全，通过各种技术手段将现场要开展的工作纳入自己的视线范围，并对各个工种人员进行高效协调，合理分配自己的注意力，掌控现场。节目类型不同，所使用的摄像机数量也不同。并且每一档电视节目对摄像机机位的设置不是千篇一律的，而要根据现场的环境及节目的表现形式作出相应的安排。这里涉及的实际上就是两点：机位数量和机位位置。特别是机位位置，因为镜头的体现主要来源于现场的摄像师提供的画面，所以电视节目开始前的机位设置是每一个学习导播工作的人必须了解、掌握的。机位设置得合理与否，直接影响到节目播出或录制的质量。

现场考察结束之后，导播下一步的工作就是根据考察结果指导机位布局。

机位布局是根据节目演出现场的情况来决定的，分为平面机位布局（二维）、空间机位布局（三维）、常规机位布局三种。

一、平面机位布局

所谓平面机位布局，是指现场所有的摄像机基本上都处在没有高差或者高差很小的平面上（包括游机），一般在剧场、小型演播厅等空间使用。平面机位布局根据现场观众分布情况又分为圆形（摔跤场地，见图4-2）、扇形（剧场，见图4-3）、T形（T台，见图4-4）、方形（球赛场地，见图4-5和图4-6）等。以上这些节目的主体对象基本上都在各自的表演区域内活动，所以用平面机位就可以表现他们的活动情况。重要的是机位的选择。通常来说，摄像机在演出现场应该占据最佳位置，也就是最佳视点。在很多大型演出活动中，现场观众的视觉效果往往没有电视机前的观众视觉效果好，就是这个原因。对于现场观众来说，他们的视点位置是固定不变的，他们与表演者之间的距离、角度是没法改变的。而

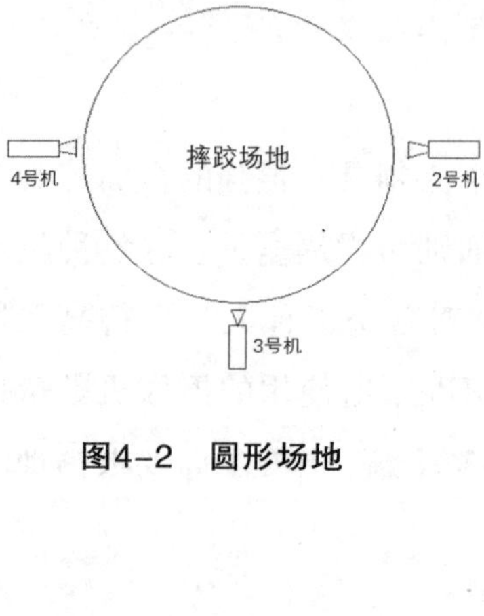

图4-2　圆形场地

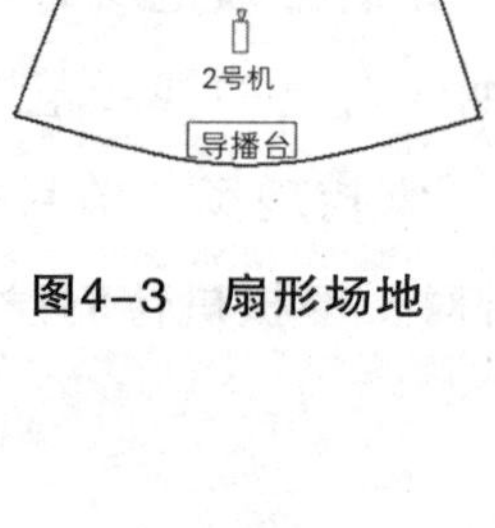

图4-3　扇形场地

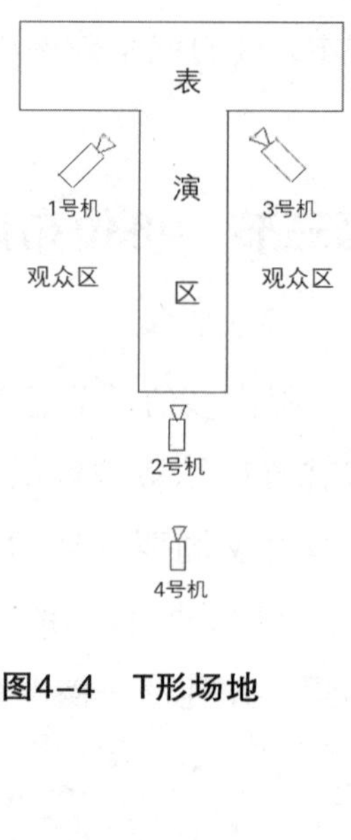

图4-4　T形场地

电视机前的观众的视点是由很多台摄像机在不同位置的最佳视点拍摄的，加上镜头的可变焦优势，导播随时可以将最好的镜头交给场外观众，这就等同于电视机前的观众在不停地变换位置观看节目。

图4-5　方形场地a

图4-6　方形场地b

二、空间机位布局

在上面所说的二维平面机位布局中，不管机位怎么布置，导播交给电视观众的画面，是若干机位在同一个平面用与主体不同的距离、不同的视向拍摄的，没有空间高度的视角变化。而三维空间布局不仅具备二维平面的特点，还有仰俯视角的变化。

所谓空间机位布局，是指现场所有摄像机处在一个开放的立体空间，而不一定是在同一个平面，因此也叫作三维机位布局。

三维空间的机位布局有静态三维布局、动态三维布局和混合三维布局之分。

（一）静态三维布局

静态三维布局是指机位之间仅有距离和高度差，如体育馆不同高度的看台上的固定位置的摄像机、篮球架上方的俯拍摄像机等，机位之间没有相对运动。

（二）动态三维布局

动态三维布局是指机位之间不仅有距离和高度差，而且它们之间存在相对运动。如摇臂机、游泳馆的水下跟踪摄像机、体育馆上空的索道摄像机，等等。这些机位之间不仅存在平面距离、空间高度差，而且存在相对运动，这就是动态三维机位布局的特点。

（三）混合三维布局

所谓混合三维布局，就是既有静态机位也有动态机位。事实上，这种布局模式体现在很多场合中。例如我国2008年建成的奥运会体育场馆鸟巢（见图4-5）、水立方（见图4-6）等，直播节目时都是需要进行混合三维布局的，而且机位数很多，需要二重甚至三重导播共同完成直播工作。这种混合三维布局的形式，镜头表现力更强，画面内容更精彩、更丰富。特别是摇臂机、微型遥控航拍飞行器的加入，使画面展示出动态变化的空间效果，观众产生走近或离开可视对象的效果，增加了运动视点的视觉作用，是定点机位拍摄达不到的。当然，某些特定机位的定点拍摄也有强烈的视觉冲击力，比如游泳池内的水下摄影机、田径比赛中跑道终点的高速摄影机、台球桌洞口处隐藏的微型摄像机、固定在直升机上的航拍摄像机、跳伞运动员头上的微型摄像机，等等。这些具有不同空间意义的摄像机，能为我们提供各种精彩的客观或主观镜头，展现出特有的空间表现力，把最真实的画面展示给观众，让观众大饱眼福。

三、常规机位布局

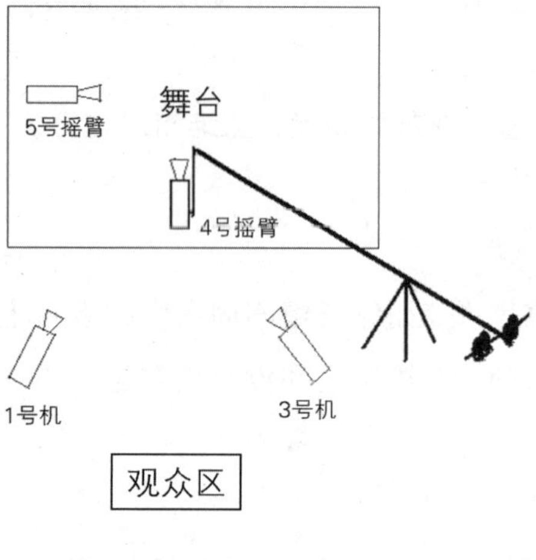

图4-7　三角形机位布局

上面讲述了平面机位布局和空间机位布局，而大多数情况下我们采用的是常规机位布局，也就是三角形机位布局（见图4-7）。

三角形机位布局就是通常所说的标准布局。当导播现场布置的机位数为5个时，至少有两个三角形的布局存在。有的时候不同机位之间会形成若干个正三角、倒三角形布局，比如在图4-7中，1号、2号、3号机构成一个倒三角形；1号、4号、3号机构成一个正三角形；而5号、1号、3号机构成一个侧三角形，等等。在这样的布局中，导播可以随心所欲地调度出丰富多彩的画面。通常来说，导播对这样布局的各机位有基本的构图规定，具体如下：

（一）主机位

在常规机位布局中，通常情况下，倒三角形顶角的机位为主机位。导播习惯上把它编为2号机位。

2号机位基本上用来挂大全景，导播很少对其下达调度指令。一般情况下，2号机位是不可随便改变构图景别的，所以叫作主机位。它自始至终保持大全景构图，即使其他机位都不存在，就这一个机位也可以一拍到底。这个机位看似简单，实则非常重要。因为每场节目的起幅、落幅的镜头基本上由它提供，而且如有紧急情况，应急画面也是靠它，所以它又被称为保险机位。当然，在只有3台机位布局的情况下，导播也会根据需要偶尔对其下达变化景别的指令。不过，2号机位的摄像师在调度画面完成后，会习惯性地迅速复原到大全景。2号机位叙事清楚，保险可靠，主要用途是：起幅落幅、出画入画、全景展示，所以有的导播把它称为万能机位。

（二）辅机位

人们通常把1、3号机位叫作辅机位，或者副机位。这两个机位由于离被摄主体较近，可获得更好的拍摄效果。其特点是构图灵活，可以根据需要采用任意景别的方式构图，为导播提供各种镜头。

1、3号机位在常规情况下以中、近景构图为主，负责自己机位一侧的拍摄区域。这个区域有多大呢？原则上是这样规定的：以本机靠舞台中心一侧的视场角线不超过舞台底线为准，见图4-8。因为这个区域如果再扩展容易穿帮。

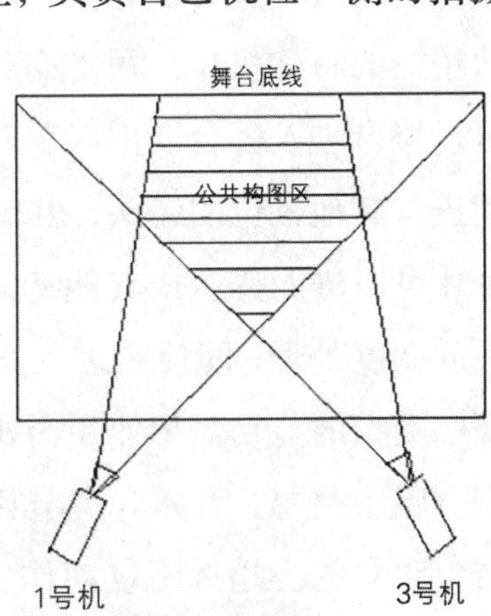

图4-8 辅助机位图

事实上，由于舞台两侧有侧幕分布，或者演出场景较大，台上有许多演员的遮挡，边幕纵深幅度比较大，这个区域是完全可以突破的，只要画面不穿帮就可以。这两个机位在导播的调度下，可以进行推、拉、摇、移、跟，以及小区域反打，等等，但是要注意两个机位之间的直接切换的越轴问题。

（三）摇臂机位

摇臂机位也叫多功能机位。在现在的EFP制作团队中，摇臂的使用率越来越高。由于它的视点灵活多变、动静自如、画面信息量丰富，受到观众的喜爱，也受到导播的青睐。因此只要节目需要和拍摄现场条件允许，导播都会安排摇臂机位。在实际应用中，摇臂的镜头数几乎占镜头总数的40%以上。摇臂的臂长通常为6—12米，可调节，使用摇臂的长度要根据节目形式和现场空间条件在架设时合理考虑。另外还有专门用于小演播室的3米小摇臂，这种小摇臂不仅可摇，还可移动，非常灵活实用。通常，摇臂的自由镜头比较多，所以要求操作摇臂的摄像师不仅在拍摄构图方面技术娴熟，而且操控摇臂的感觉、手性、反应以及空间判断力都要好，要有很高的悟性，而这种悟性不是所有人都具备的。这就是为什么在媒体领域中，摇臂操控师很受青睐的原因。

需要注意的是，并非所有节目都要使用摇臂，有些节目是不能使用摇臂的，比如相声、魔术等。因为使用摇臂会破坏这些节目独特的艺术结构和表演特点。

摇臂还有一个重要的用途，就是能够很快地转向观众区，捕捉并拍摄现场观众的反应，有着其他机位难以达到的独特效果。关于摇臂的详细介绍，请阅读第八章特殊拍摄。

（四）游机机位

在某些类型的节目中，导播会安排1—2台游机。所谓游机，就是可以任意游动拍摄的特殊机位。虽然可以任意游动，但如果没有导播下达的指令，游机是不可以擅自进入舞台演出区和其他特定区域的。因为只要它出现在舞台上，就有可能进入其他机位的镜头，出现所谓的“穿帮”。因此游机必须等待导播的调度指令才可以进入舞台或其他特定区域。因为在游机进入舞台前，导播已经进行了画面的调度处理，即使它进入舞台，也不会进入正在录制画面的机位的镜头。那么哪些类型的节目需要使用游机呢？一般是有大型乐团参与的音乐会、演奏会，大型合唱节目等，因为这类节目通常有指挥参与，而在演出过程中，指挥是背对着台下观众的。指挥不仅动作优美，而且有着丰富的面部表情，怎样让电视屏幕前的观众能够欣赏到这些精彩画面呢？那就只有依靠台上的游机了。导播会在适当的时候调度游机抓拍这一画面，满足电视观众的视觉需求。

此外，在大型交响乐团的演奏过程中，游机还可以在摇臂达不到的位置拍摄纵深特写镜头以及场外镜头，给出一些连现场观众都没法看到的特殊画面。总之，在导播的调度下，如果游机使用得当，可以拍摄出其他机位无法拍到的镜头，让电视屏幕前的观众大饱眼福。

应该强调的是，如果不是直播或录播需要，某些重要的演出可能不允许游机进入舞台，因为这样做一是会影响舞台上演员的表演，二是会干扰甚至破坏现场观众观看的整体效果，所以在演出之前，导播必须与导演以及舞台总监进行沟通。游机的进入是有条件的，不是导播一个人说了算。

四、机位布局中要注意的几点

第一，参与布局使用的机器要尽量型号、规格一致，否则白平衡等技术参数调整会比较麻烦。

第二，各机位应尽量避免出现在其他机位的拍摄区域中，尤其不要在同一平面上出现同轴线机位（不在同一个平面上是可以的）。在有摇臂、游机、移动机位等多机位布局的情况下，特别要注意布局的合理性。在不可避免的情况下，导播应在调度切换画面前选择合适的机位或景别，以避免该机位入画。不过，在某些时候，导播也会有意让某个正在工作的机位出现在另一台机位的画面中，这样做的目的是让电视屏幕前的观众感受节目现场的氛围，同时也间接起到强调直播节目的真实性的作用。

第三，由于在多机位布局的情况下，镜头组接时容易出现越轴的情况，因此导播在切换画面时要充分考虑，避免越轴画面的直接切换，可利用2号机位的全景作为过渡镜头来解决越轴问题。

第四节　机位架设安全与布线技巧

一、机位架设的安全问题

移动制作过程中的设备安全问题，是经常让导播担心的问题之一。特别是在观众区域里架设机位，会遇到各种各样的问题，需要导播在现场与团队成员一起解决。在教学中，教师要反复耐心地向学生讲解和强调设备安全的重要性和必要性，避免他们在今后的工作中犯下不应该犯的错误。如在观众密集的区域架设机位时，要考虑到机器容易被人绊倒，因此要在三脚架靠近地面的保险牵引带上压置重物；在呈斜坡状的剧场人行道上架设机位时，要注意调整三脚架的重心位置，因为在重心偏移的情况下，机器很容易发生倾倒，等等。架设机位时，可以是双前支撑，可以是单前支撑，也可根据摄像师拍摄时的站立习惯姿势而定（见图4-9）。

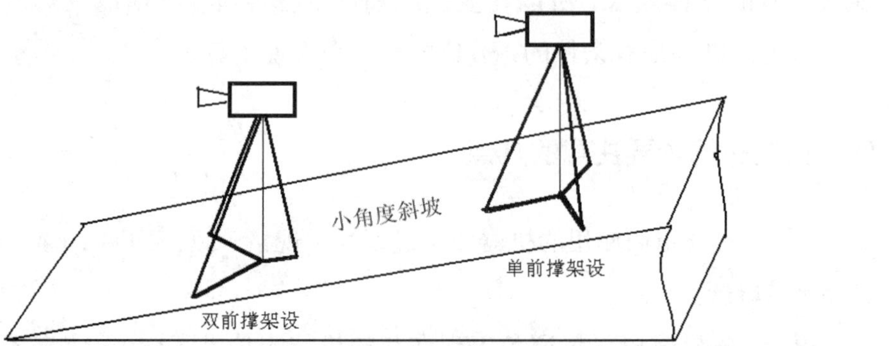

图4-9 斜坡角度三脚架架设调整

二、布线技巧

布线是导播台与各个机位之间的信号通道。前面我们已经学习了设备间的基本连接方式，但有些细节仍需注意。在信号线经过的途中，特别是所布的线从导播台经地面到达机位端的途中，为了防止布置在地面的线被观众绊到而拉扯机器，导播团队需要在几个安全点对线进行固定。人们在生活中习惯采用图4-10、图4-11的方式对线进行固定，这是常见的打结和缠绕方式。但是在节目制作过程中，这两种方式都不实用，长达数十米的布线和收线都不方便，非常麻烦。

图4-10 打结式固定

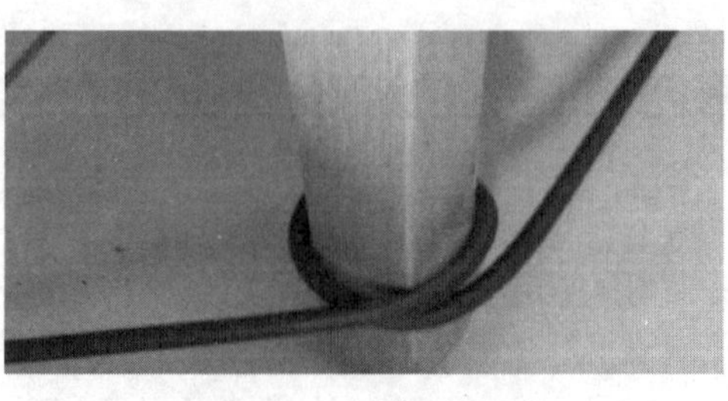

图4-11 缠绕式固定

在架设机位时，我们通常采用图4-12、图4-13的方式来临时固定线。它们的特点是布线快、简单实用，可随时解开或者变更固定点。收线也很方便，一解就散，实践证明其很实用。

图4-12　八字式固定

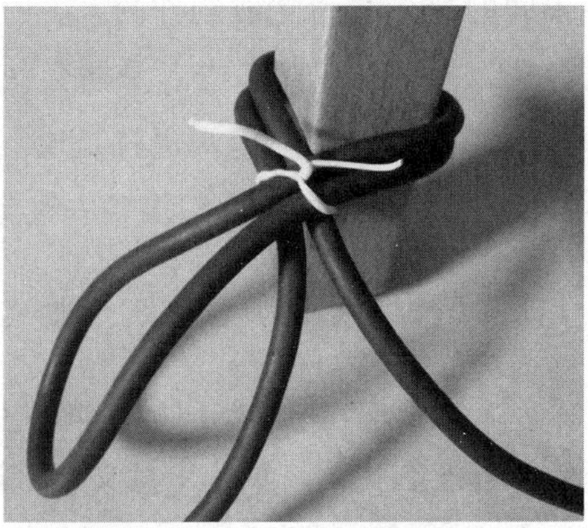

图4-13　蝴蝶式固定

第五节　设备调整

机位架设完毕，导播工作台到各工作点的所有信号线也都连接好以后，就要进入检查和调整设备的环节。这里的检查，主要是指检查所有设备的工作情况是否正常；这里的设备调整，不包括舞台灯光和舞台音响的调整，仅指导播团队的设备调整，其实就是画质和音质的调整。画质调整涉及景别、光圈、焦点等，这些基本常识在这里就不多说了，只说说白平衡的调整；音质调整主要是指声音输送、录制系统以及对讲系统的调整。

一、白平衡的调整

（一）多机位白平衡调整的重要性

从事影视技术专业工作的人员都知道，摄像机白平衡的调整主要是为保证被摄物体的色彩还原的准确度。现在很多导演在拍摄电视剧时，习惯并喜欢采用单机拍摄，拍摄时采用自动白平衡，就是为了避免多机拍摄带来的色差问题。单机拍摄时尽管可能色彩还原不准确，也不会有大的问题，因为观众并不知道环境或者演员的真实色彩是什么样的，可以认为原本就是如此。加上现在的后期剪辑技术非常成熟，可以根据需要进行处理，所以白平衡问题在电影电视的拍摄中显得并不十分重要，尤其在单机拍摄中，就更加无足轻重了。而EFP制作是多机位在不同的视点共同完成制作的，在拍摄同一对象时，不同的机位可能呈现不同的色彩，这样进行直播或者录播会使观众在视觉上产生误解，因此EFP现场制作需要严格调整白平衡。也就是说，要求现场所有机位的白平衡参数保持或基本接近一致，是导播在全部设备安置完毕后要做的一件重要事情。

（二）机位白平衡调整的统一性

从理论上来说，色温只取决于光源本身的性质，是一种固定属性，与看到该光源的位置没有关系。从这个意义上来说，只要是同一光源，在任何位置调整白平衡都应该得到相同效果。事实也证明，各机位在其所在位置进行白平衡调整是可行的。但是这样做比较麻烦，距离很远的机位可能没办法将测试板推成满屏，因此不得不通过菜单方式选择数字变焦（24倍变焦以上）来完成白平衡的调整，这样一台一台地调整很耗时间。其实在实际操作中，我们可以忽略机位拍摄距离的差异，把摄像机放到一个折中的位置一起调整白平衡。对于调整结果，有一个简单的快速判断依据，那就是各个摄像师可以报出自己调整后的白平衡数据（调整结束时在寻像器中会显示），这个数据基本一致就可以了。如果某台摄像机调整后的数据与其他摄像机相比差距太大，就必须重新检查其参数设置并进行再次调整，直到与其他摄像机的白平衡数据基本一致为止。

（三）多机位白平衡调整的方法

多机位白平衡的具体调整方法是：在节目演出前，请舞台灯光师开启舞台的白光（一般都是色温为3200K的碘钨灯），让一人手持白色泡沫板或大一点的白纸站在舞台中央稍靠台前部位（光照中心），然后所有摄像机同时进行白平衡调整。注意，有的摄像机除了手控白平衡、自动白平衡方式外，还有“室内”和“室外”两挡方式，要把色温状态设置在“室内”挡。如果是新手实习，那么有经验的人要对其进行指导，比如光圈、焦点、滤色片、增益等，告诉他们在调整白平衡之前要怎样进行设置。

（四）多机位白平衡调整的检验

多机位白平衡调整完毕后，保持舞台上的灯光不变，舞台上协助调整白平衡的人不要离开。导播必须要求各摄像师回到自己机位上迅速用相同景别（近景）把舞台上这个人物的画面送到导播台，导播对画面进行色彩比较，基本一致才行。例如：都显示3800K字样。

二、可能导致白平衡误差的原因

（一）灯光色彩变化对白平衡的影响

实际演出中，舞台上的灯光会根据节目渲染与造型需要而使用彩色光，这就是通常所说的混合光源。在这种情况下，摄像机很难快速适应，甚至根本不能适应。特别是出现大面积红光、蓝光时，摄像机的白平衡检测系统会出现无法适应的状态。因为红光和蓝光分别处在光源频谱区的两端，而这恰恰就是摄像机的检测“盲区”，这会导致人物偏色且色彩不饱和的情况出现。这种现象是不可避免的，因为舞台演出考虑的是现场氛围与表现效果，是现场观众视觉的需要。改善方法是当舞台出现这种造型灯光时，尽量不要用近景、特写方式构图，否则画面中的人物会变得狰狞可怖。

（二）监视器自身白平衡失衡的影响

在对比检查过程中，如果现场用的是与机位对应数量的监视模式（非画面分割显示模式），当某个监视器画面的色彩与其他监视器色彩不一致时（同一人物在不同监视器的画面中出现色彩差异），导播要区别：是这个监视器本身的技术原因，还是这个机位的摄像机白平衡调整有偏差？甄别的方法是：用切换台轮流切换各个信道，把来自各个机位的同一对象、同一景别构图的画面反复切换到终端监视器上进行比较。如果在这台终端监视器上看到的各个机位送来的表现同一个主体的画面色彩基本相同，就说明各摄像机的白平衡调整基本一致，产生色彩差异的原因是那台监视器自身色彩还原不准确。如果在终端监视器上画面色彩还是有差异，就说明是这个机位的摄像机白平衡调整不对，要重新对该机位的白平衡进行调整。

如果是使用一体化导播系统，由于是采用画面分割方式在同一个显示屏上显示各信道画面的，因此可以很方便地根据画面判断白平衡情况。

三、其他情况下的白平衡问题

以上是关于多机位拍摄的白平衡的处理方法。在其他情况下，特别是电视剧的拍摄中，有经验的工作者可能使用其中的一些处理方法。如果真是在室外每隔一个小时就调一次色温，那导播就会吃大苦了。通常有经验的导演和摄像师很少会这样循规蹈矩。比如拍武打电视剧的台湾摄像师，他们从来不调白，就打预置，甚至很少去看监视器。道理其实简单，如果你每个小时都要调白的话，那么从凌晨到正午直至傍晚，色温的变化就没有了，也就是说人主观上的时间轴消失了，就分不出中午和傍晚了。他们拍时装电视剧时经常用3200K或者4300K的预置去拍日光戏，这样出来的是偏蓝的调子，显得干净且时尚。对于色温预置，一些高级机种采用了双滤镜系统，也就是色温滤镜和灰镜分开设置。如松下的AJ-HDC20A、AJ-HDC27F的色温设置分别是：直通、3200K、4300K和6400K四片。灰镜也有四片灰度的设置。注意它们已经取消了5600K的设置，换成了4300K和6400K。不知道这个方面我们相关专业的老师是否关注到了，如果还按以前的5600K讲，那就有点跟不上形势了。调白理论知道就可以了，没有必要严格地照此执行，否则会陷入教条。但有一种情况，就是在用光过程中，当高、低色温同时出现的时候，或者是需要颜色微调的时候，肯定需要调白。另外，本书涉及的多信道制作模式也必须统一调白，这时候就需要经验和理论知识的融会贯通了。

在某些特定的场景中，如空旷的雪景等，有经验的摄像师会找一个反向的颜色进行调白，这可以是任意的物体或者它的阴影，颜色多为高级灰，很微妙。调整完了变化也不大，只是色相有微妙的变化。这种拍摄情况其实很少见。色板是完全可以不用的，色板的设置还不如现场的颜色变化多。

机器配置的提高说明了美学认识的进步。如果完全追求颜色的“还原”，是背离美学原则的。我们看到的在颜色上有突出效果的电影，大都是偏色的，而且偏得还不是一星半点儿。比如经典电影《天使爱米丽》是偏绿的。从国外的平面摄影也可以看出来，大多有偏色，但是偏得很微妙、很美。这归功于后期的处理。电影摄影一般不在前期拍摄时调整颜色，完全是后期的配光。既可以是传统的滤镜配光，也可以是数字配光。电视剧由于受时间和资金的限制，在前期拍摄时就把颜色调整好了。如果是做数字电影的话，笔者建议用预置拍摄甚至自动白就可以了，后期再进行颜色的调整。

最后强调，上述有关白平衡的观点是有局限的，在实际操作中不适合多机位制作模式。所有导播在节目制作开始前，必须进行白平衡调整。

四、对讲器的调整

对讲器对于导播和导播团队来说，是极为重要的。如果说摄像机是导播的眼睛，那么对讲器就是导播的耳朵，哪一样都不能出问题。通常情况下，导播以及现场使用对讲器通话的对象，其听、送话耳机必须有备份功能，以保障传递和收听指令的可靠性。在正式开始工作之前，导播会使用通话系统与所有通话位置进行沟通，试听通话情况，并将对讲系统的通话效果调整到最佳状态。如果有音小、杂音、断续等不正常情况，要找出原因及时处理和解决。一旦节目开始，这些问题就很难补救了。具体使用何种形式（无线、有线）的通话系统，导播可根据现场环境以及个人习惯自行决定。

第六节　联机试播

联机试播实际上是导播在节目制作开始前的最后一道程序，是对团队人员和所有设备的状态进行检验测试，也是团队试播前的热身。有条件时，可以要求灯光师、音控师一起配合。导播可以在空场的情况下进行通话、下达调度指令，进行各种常规切换，指出要注意的问题，提出相关要求以及某些特殊约定，等等；时间允许时，可以让各岗位的副手上机练练手。总之，导播必须有充足的把握和信心，确保节目正式开始后万无一失。

本章小结：

本章主要从六个方面讲述了 EFP 节目制作的前期准备工作，重点讲述了有关机位布局和白平衡调整的意义与基本方法，介绍了现场机位布局的几种模式、机位布局的基本规则与要求，提到了现场远距离布线的小技巧，特别指出了白平衡调整在 EFP 制作过程中的重要性和必要性，强调了前期准备工作的扎实与否直接影响到制作效果。对于导播来说，前期工作的每一个细节都要谨慎考虑、周密布置，只有做到疏而不漏，才能保证万无一失。所以，每一个学习导播课程的人都应该充分了解、熟悉前期工作的各个程序，认真学习好每一个环节，培养自己良好的工作习惯。

思考题：

1. 导播在节目开始之前要做的准备工作有哪些？

2. 二维平面机位布局与三维空间机位布局有何区别？

3. 什么叫常规机位布局？在倒三角形机位布局中，顶角机位（2 号机）有何重要意义？

4. 试根据书中讲述的布线小技巧，再构思出一两种类似方法。

5. 试在两个不同摄距位置分别进行白平衡调整，之后对画面进行色彩还原比较。

6. 试根据多机位白平衡调整步骤，完成三个任意机位的白平衡调整。

7. 游机机位的使用有何特别意义？试举一例说明。

第五章　导播技巧

本章重点：

1. 理解并熟记导播工作四要素；
2. 熟悉导播的常用口令；
3. 熟练掌握各种类型的镜头调度技巧；
4. 懂得并熟悉画面切换原则与技巧；
5. 充分理解切换节奏的理念与重要性。

导播技巧分为三个方面：口令技巧、镜头调度技巧和画面切换技巧。下面就这三个方面展开讲述，可能无法完全涉及和覆盖这个技术领域，但是希望能够起到抛砖引玉、举一反三的作用。事实上，鉴于不同风格的思维取向，导播会有一些不受教条约束的自成体系的方法或者技巧。因此，在学习本章时，读者不一定要把自己界定或者局限在本教材提出的经验与观点上，而应该集思广益、取长补短、不断探索、不断总结，走出一条符合并体现自己风格的导播之路。

第一节　导播工作四要素

导播工作有四要素：看、说、动、听。理解并把握好导播工作的四要素，是导播工作成功的诀窍。

一、看

看，就是看监视器。不论导播是否在节目现场，一般来说，导播工作时眼睛关注的重点不一定是节目现场，而是监视器（比如在转播车内看不到舞台），因为这些监视器的画面是占据现场最佳视点位置传送过来的画面。各个画面的信息为导播处理、调度下一个镜头提供了参考。现场机位越多，导播要看的监视器也越多，特别是对于看不到节目现场真实场景的导播来说，观看监视器尤其重要。导播应随时关注展现现场全景的特定机位的画面（2号机位画面），了解现场节目的整体情况，从而调度其他机位的画面。

二、说

说，就是调度画面。为了把现场情况有机地、艺术地展示给场外观众，导播不是一成不变地把几个固定的画面切来切去，而是通过对讲系统，向各机位摄像师不断地发出指令，调度机位（镜头）进行画面构图，说出的都是镜头创意要求、一个接一个的画面构思。导播通过不断地更新画面信息，力求给予观众最佳视觉效果。

三、动

这里说的动，即动手，就是操作切换台。导播往往是嘴动手随，一边说一边就切换过去了。有人说，导播是一个“玩切换台的高手”。也有人说，导播是一个“说听不懂的话，玩看不懂的键”的人。这话一点也不夸张，一个不会玩或者玩不好切换台的人是绝对干不了导播的。虽然切换台的型号、品牌有很多，但是它们的基本功能都差不多，只要熟练掌握一两种台子的操作，不同牌子的切换台的使用也不会很困难。就像你会驾驶大众汽车，换一辆其他牌子的小车，你同样很快就会驾驶一样。关于切换台的操作技巧，本章将会进行详细讲述。

四、听

听，就是听各种声音信息。在节目制作的现场，导播主要关注两种声音：来自节目主体对象的声音和来自团队内部的执行指令过程中的反馈声音。当然，两种声音听的方式不一样。因为导播戴的耳机是独立的对讲系统。前者是演出的声音，是耳机之外的声音、观众听到的声音、与画面一起播出的声音。这个声音只能通过现场扬声器发出，自然进入听觉，同时可以通过观察录音设备的录音电平指示监视。后者是导播用内部通话系统保持沟通的声音。导播下达各种指令时，相应的指令执行者会给出某种反馈，或者其他咨询，等等。导播根据这些声音反馈信息，随时了解机位的工作状态，做到知已知彼、心中有数。有经验的导播在节目制作过程中，会时不时地给大家送上一句幽默或者赞美的话，给团队伙伴以及时鼓励和表扬，使团队成员的心情得到适当放松，从而最大限度地保障团队成员工作的可靠性和协调性。

第二节　导播口令技巧

本章开头已经提出，导播工作有三大技巧：口令技巧、镜头调度技巧和画面切换技巧。所谓口令技巧，实际上就是导播说话的技巧。导播的工作特点要求他不仅能“动手”，而且能“动口”。这里所说的“动手”，指的是导播对包括切换台在内的所有设备的使用操作，特别是切换台的使用，更应该得心应手；而所谓的“动口”，则是指导播对各个机位下达的各种指令。所以说，导播是个“能说会做”的人。因此，有人形容导播是眼、耳、嘴、手并用的人。确实，导播一旦进入工作状态，必须用眼监看所有送来的画面和切出的画面，必须用嘴进行指令调度，必须用手操作切换台，还要用耳听合成音质和摄像师对指令的反馈，等等。可见导播是一个眼、耳、嘴、手不能闲的睿智之人。如果说眼、耳是信息接收的工具，那么嘴、手就是信息发出的工具了。在实际工作中，导播到底用嘴说些什么？怎么去说？这就是本节要讲解的内容：导播的口令技巧。

一、命令与口令的区别

说到指令，大家就会联想到命令。是的，导播下达的指令就是命令。口令蕴含于命令之中，是命令中的特殊用词。

通常，命令是不受内容长短约束的，可以是一个或者几个字、词，也可以是一个完整的句子。例如：

打！（字）

出发！（词）

把阵地夺回来！（短句）

……

但是，口令则更为精练，通常是采用简短的字或词，尽量不使用短句。这是导播自行设定的不成文的规定。而且，导播会根据自己的语言习惯、个性特点等，与团队成员巧妙地达成若干约定，从而简练、准确地表达自己的意图。这些口令可能在外人听来无法理解，但是在团队成员中绝对能准确无误地执行。例如：

松！（镜头拉开）

紧！（镜头推进）

……

这是一种特定的术语，是一种默契的配合，它甚至可以达到天衣无缝而令当事者乐、旁观者奇的境界。

二、口令中的专业术语

值得注意的是，到目前为止，导播的口令并没有一定的规律可循，所有导播都会按照自己的模式建立口令规定，所以在一个已经合作默契的团队中，通常情况下导播是不会轻易变更团队成员的，这也是导播不轻易指挥一个他不熟悉的团队的原因。当然，对于媒体领域中的一些公共的专业术语，每个导播都会充分发挥和利用。

比如有关摄像方面的术语：

推、拉、摇、移、跟；

仰、俯、平、降、升。

比如有关景别构图中的术语：

大全、小全、中景、近景、特写、大特写。

对于这些专业术语，导播在应用时可能会加以修改、变更甚至替换。由于地方方言、口语习惯、个人癖好等原因，不同地方的导播在表达同样的口令时，会使用不同的词语。

三、位置配置与代号口令化

需要特别强调的是，在节目制作现场，导播无须也很难记住某个机位摄像师的名字，只要对机位直接编号即可。一旦摄像组的成员的机位编了号，导播就不会也不能再呼摄像师的名字，而是以机位号取而代之。因此，各机位的摄像师不仅要暂时忘记自己的名字，而且要牢牢记住自己的机位号，在导播呼叫或者下达口令时具有敏捷、准确的反应能力。否则，如果因为你没反应，或者反应迟钝而造成失误，会让导播感到懊恼甚至影响节目效果。

导播会根据摄像师的个人技术情况以及习惯等，有针对性地安排适合每个人的机位位置。这种配置一旦成熟了，在以后的拍摄中，基本不会变更。这样做的最大好处是让在这个机位上工作的摄像师能够非常熟练地把握好这个机位的常规构图特点。

四、导播口令中的约定原则

通常情况下，导播不会下达让团队成员难以理解的口令。严格地说，导播在工作现场发出的每一道口令都属于一种比较专业的语言体系——导播语言。导播语言的基本原则是简单明了、通俗易懂。导播发出的口令应力求使接受口令的人既容易听懂，又容易理解执行。语言信息量不能太多、太烦琐，否则记不全、记不准。因此，导播会与团队成员之间建立约定的语言体系（见表5 1）。

表5–1　导播口令用语

通用口令用词	对应旁系口令用词	例　证
推	靠、紧、进	推一点 = 紧一点 = 进一点
拉	撤、松、退	拉开 = 松开 = 退
摇	摆、旋	右摇 = 顺摆=右旋，左摇 = 逆摆
移（指轨道车、轮座）	走、冲（指摇臂）	移摄 = 走起 = 冲（摇臂）
跟	贴、粘	跟摄A = 贴上A = 粘上A

续表

通用口令用词	对应旁系口令用词	例　证
仰（多指摇臂）	抬……	仰拍＝抬头
俯（多指摇臂）	……	
平（多指摇臂）	……	
降（多指摇臂）	沉……	机位下降＝机位下沉
升（多指摇臂）	起、拔	升＝起＝拔
收光圈	紧光圈、减光圈	表示光圈过大需要减小光圈开度
放光圈	松光圈、加光圈	表示光圈过小需要加大光圈开度
急推拉	急变焦、手动快焦	表示用手动聚焦环快速改变景别
调白	校白、整白	表示调整、校正白平衡
调焦	校焦、整焦	表示画面虚焦，需要调整焦点
虚焦出画	虚化……	表示画面逐渐虚化而出
切×号	进×号、×号在播	表示当前正在使用×号机位画面
×号小全跟	×号小全贴	表示×号机位用小全景跟拍主体
×号近景右摇	×号近景顺摆	表示×号机位用近景往右摇摄
（T台走秀时，有上、下摇摄）		
×号×号近景反打	×号×号近景交叉	表示人物面对面交流的对话情景
×号归位	×号回原位、复位	表示×号机位恢复到先前状态

例如，导播说“游机进两步，给指挥中景”，就是指在舞台内一侧（通常为左侧）待命的游机要马上进入舞台两步，用中景从侧前方拍摄台上背向观众的指挥。导播不要说“舞台上的游机注意了，马上进入舞台两步，用中景拍指挥”。虽然这两句话表达了同样的意思，从文字理解上来说，后者表达的内容似乎更详细，但是要知道，画面表现是有时效性的，在导播说一连串话的过程中，先期的画面一直在使用中，如果导播总是这样耗费时间下达烦琐的、冗长的口令，观众会对这种停留太久的画面感到厌烦。所以，导播的口令简短，就能使观

众接收到更丰富的信息。同时，导播简短明了、准确无误的指令也能够增加团队成员的信心。他们会由衷地信服导播的专业能力，每个成员都会高度集中注意力，认真工作。这就是导播与团队成员之间约定语言的魅力所在。

五、预知型口令

除了常规的节目导播外，导播还必须具备预知节目发展的能力，即准确判断下一刻可能发生的事件。这种事件可能发生在台上，也可能发生在台下。所以，导播的口令应该提前发给相应的机位，以便摄像师准确捕捉这种事件发生的场景。

例如，“摇臂回头，准备台下全景”。这是导播根据台上表演的情况作出的经验判断，在台上的节目表演进入高潮或者接近尾声时，台下观众可能会爆发热烈的掌声，这种场内的氛围是场外观众感受不到的。导播应在某一时刻恰到好处地捕捉这种画面交给场外观众，也就是我们说的“反应镜头”。这样既能增加现场的真实性，又能引起场外观众的视觉与听觉的共鸣。这就是由导播经验所决定的预知型口令技巧。

导播口令技巧（或者说导播语言）不是一开始就能达到最佳状态的，需要反复实践、反复总结，在一次次的导播实践中不断提高。你可能会遇到挫折，但不要失去信心，必要时应该学习、了解其他导播的工作过程和导播风格，取长补短，丰富自己。久而久之，你一定会练就一套准确幽默、别具一格的导播语言。

第三节 镜头调度技巧

上一节我们学习了导播的指令技巧，其实那些指令也是镜头的调度指令，是最基本的、最常用的调度指令。这一节我们将进一步学习导播的镜头调度技巧。

镜头调度是导播视听语言的重要专业术语，也是导播对节目的二度创作，或者说艺术构思。镜头调度更是导播工作的一道门槛，是衡量导播水平的试金石。刚走上导播岗位的新手，往往因为经验不足，顾得了切换顾不了调度，也就是顾得了“手”顾不了“嘴”，加之台上的节目总是在不断变化中的，刚想实施自己的想法，可能舞台上的场景又发生了变化。这种手忙脚乱、顾此失彼的情况，对新手来说是很正常的。那么怎样才能有条不紊地进行镜头调度呢？下面分两种情况展开讲述。

一、被摄主体为静止状态时的镜头调度（以 3 机位为例）

这里所说的静止状态，是指镜头前的被摄主体基本上不存在位置变化。这类镜头常见于会议、报告、演奏、曲艺、相声、合唱、评书、讲座、座谈等特定场景。

（一）静—静调度

所谓静—静调度，是指既无画内主体运动，也无画外镜头运动的画面之间的调度，即固定镜头与固定镜头之间的调度。例如前一个镜头用照片，下一个镜头用文字，再下一个镜头又回到另一幅照片，等等。可以是同景别之间的调度，也可以是不同景别之间的调度。例如两个相声演员的表演，可以用3个机位分别调度成一个二人小全景、两个前侧面（或者交叉反打）近景，见图5-1。

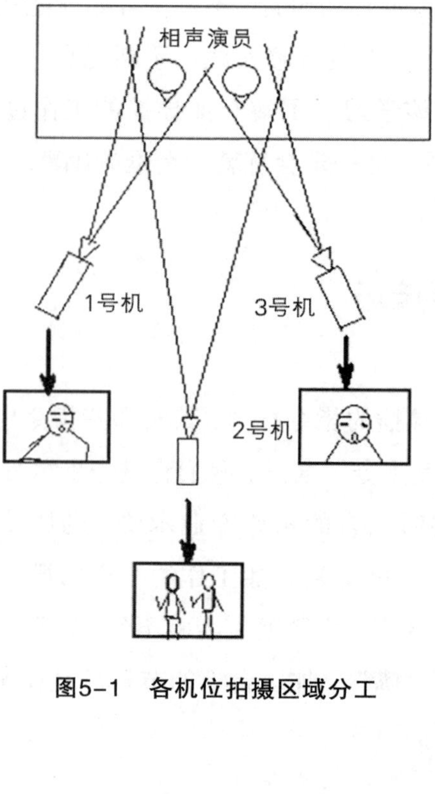

图5-1　各机位拍摄区域分工

静—静调度的优点是：调度简单、操作简便、信息传递直观、表达容易、理解准确，观众容易集中注意力。

缺点是：画面呆板、画面信息不丰富、缺乏艺术表现力。

由于这种画面组合要求不高，操作比较简单，因此适合初学者练习。

（二）动—静—动调度

动—静—动调度即运动中的镜头和静止的镜头之间的画面调度。

被摄主体单一且静止不动时，宜采用静—动—静调度。这里的动，是镜头的推、拉、摇、移。例如：台上一位歌手站在麦克风前演唱，此时台上没有其他人伴奏和伴舞，整个舞台显得很单调，此时可以使用摇臂改变演出场景比较单调的情况。一首歌演唱完毕一般需要3—5分钟，如果完全采用上面的方法调度镜头，调来调去就那么几个固定镜头，画面没有什么看点。因此，导播应该发挥和运用一定的调度技巧，丰富画面的内容，尽可能让画面“动”起来。

像这种情况，导播可采取的具体做法是：要求锁定大全景的2号机缓慢朝人物推进，景别逐渐向中近景接近，在此过程中，调度1号机（或3号机）拍摄人物中近景。当两台监视器中的画面景别差别不大时，慢慢地软切至1号机（或3号机），见图5-2。稍加停顿，又可慢慢拉开，甚至可以导入背景、观众场景等穿插镜头。如此交替进行，可使整个过程贯穿着动—静—动—静的多元素变化。这样一来，画面由于镜头的运动而变得更加丰富，同时引导了观众的视觉变化。

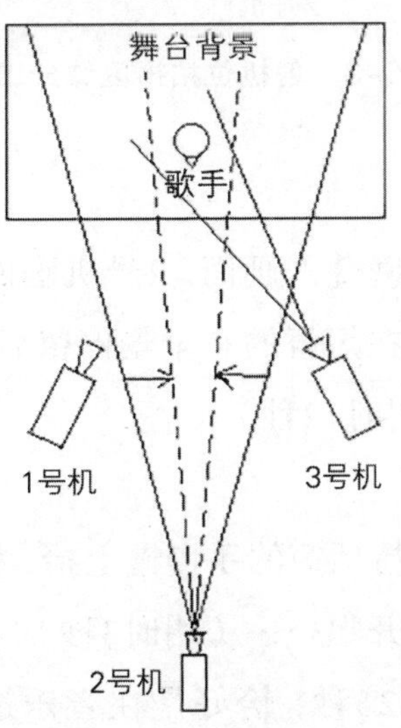

图5-2　各机位拍摄区域分工

再如，一个歌手与钢琴伴奏师同台演出，见图5-3。这也是一个人物少，而且人物基本不动或很少移动的场景。演唱的歌曲是《遇上你，是我的缘》。这首歌总时长3分45秒，前奏部分25秒。如果把导播做这个节目的起始过程用镜头脚本来表述就是：

1镜：

2号机大全景（起幅），交代场景中的人物关系。画面中，歌手朝钢琴伴奏师点点头，钢琴的音乐起……（用时4秒）2号机慢推镜头，且缓慢地朝钢琴伴奏师摇过去，将歌手推、摇出画面……（用时6秒，合计用时10秒）

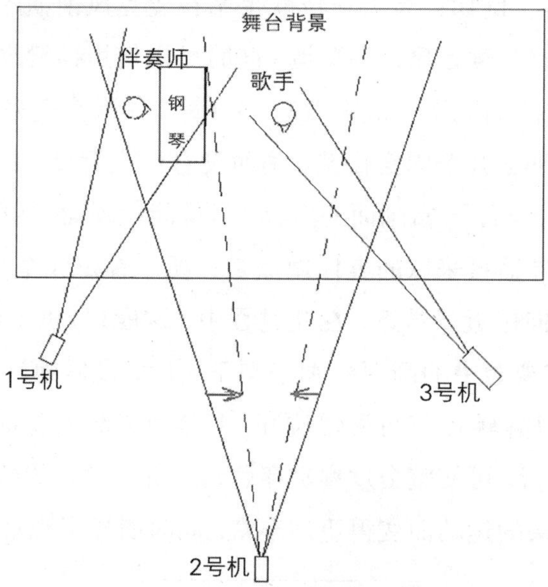

图5-3　各机位拍摄区域分工

2镜：

1号机带钢琴的小全景慢慢叠入画面，2号机画面慢慢化出……（用时3秒，2号机迅速回大全景），1号机在短暂的小全景停留后，慢慢推进成弹奏键盘的手的特写……（用时9秒，合计用时12秒）

3镜：

音乐前奏即将结束，歌手持话筒的手慢慢上抬，叠入3号机歌手的近景，钢琴伴奏师特写化出的同时，歌手开唱……（用时3秒）

以上3个镜头的总时长为25秒，恰好是在音乐过门的结束点。就这短短的

25秒，如果导播把它做得天衣无缝，美妙至极，后面的镜头调度将更加精彩。导播会根据伴奏旋律、音乐节奏融入各种动态的镜头，通过调度机位，将短短几分钟的节目在荧屏上表现得精彩夺目。如果现场布置了摇臂，那视觉效果就能更加丰富。

实际上，像这一类节目，现场观众如果所处的位置不好，其视觉效果远远比不上电视机前的观众看到的效果，因为现场的机位占据了多个最佳视点。即使是3个机位，也可以调度出精彩的画面。

例如，图5-4是我们经常看到的大合唱。数十人站成若干排，导播可以根据情况充分调度3个机位，交替地进行各种景别的推、拉、摇、移运动拍摄，组合成一系列的运动镜头，使静态中的对象通过调度镜头而产生运动的画面效果。

这就是动—静—动调度产生的效果。如果不融入静与动的结合，这种类型的节目在荧屏上就不会有好的视觉效果。

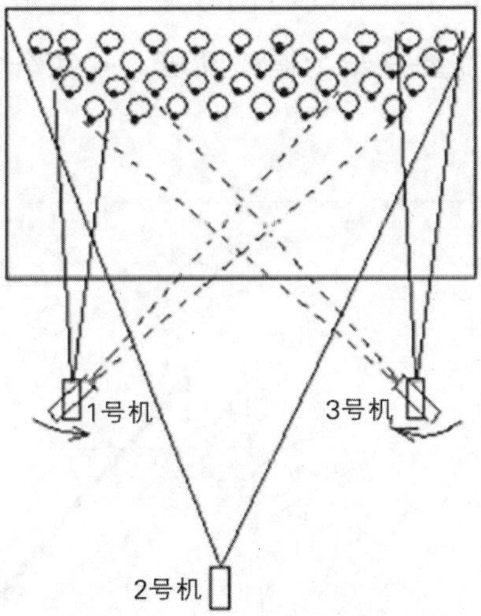

图5-4　调度拍摄分工

（三）动—动调度

将现场的若干机位都调度成镜头运动形式，且各连接的画面都是由这些镜头运动获得的画面组成的，即运动中的镜头和运动中的镜头之间的调度与组接，我们称其为动—动调度。

例如大型革命史诗《四渡赤水》的大合唱，现场有交响乐团、指挥以及一百多人的合唱团。和前面一样，台上所有人都是静止不动的。假如我们的导播团队有5个机位，且有摇臂和游机，见图5-5，那么，画面的调度可就热闹了。推、拉、摇、移，仰、俯、降、升，全都可以用上。而且大全、小全、中景、近景、特写，各种景别都可巧妙地使用。特别是摇臂的加入，使画面变得更生动、更丰富。摇臂操作者如果非常熟练的话，其画面使用率可以达到40%。所以，大多数导播都特别钟情于摇臂的使用。在摇臂加入的条件下，我们可以把这个阵容称为“三维”或“立体”组合。这就是典型的三维机位布局。摇臂的运动是复合型的，除了镜头的变焦运动以外，还有摄像机本身的空间运动，所以它提供的镜头是非常有视觉冲击力的，这就是所有导播都看重它的主要原因。但是有着“三维”美称的多机位的动态调度，不是那么容易能做到和做好的。如果你是个导播新手，可能会很不适应，犯下各种意想不到的错误。比如，出现跨越轴线的问题、景别跳跃的问题、机器甲进入机器乙的画面的穿帮问题，等等。总之，这种“动—动”调度有着非常奇特的效果，但也是对导播技术的严格考验。一般来说，熟悉这种调度需要有一个循序渐进、扎实练习、反复实践、逐步提高的过程。

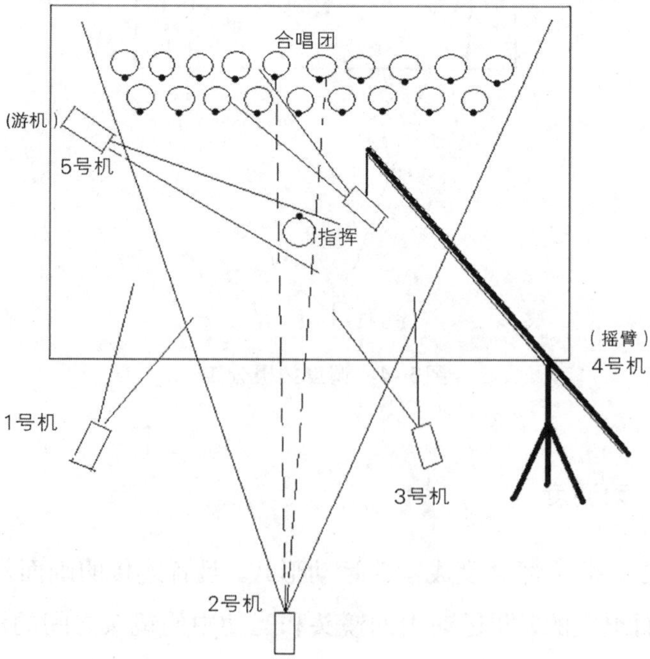

图5-5 调度拍摄分工

二、被摄主体为运动状态时的镜头调度（以 3 机位为例）

这里所说的运动状态，是指镜头前的被摄主体可能存在相对位置变化的运动。这类镜头常见于舞蹈、戏剧、杂技、话剧、小品、综艺、体育、音乐剧、栏目剧等节目。

（一）整体运动时的调度

当所有被摄对象存在相同或者不同形式的运动时，称为整体运动，比如体育运动中的篮球赛、足球赛等。就舞台演出来说，大型舞蹈就是一种典型的整体运动。对于这种情况，由于舞蹈表演时始终贯穿着各种造型，需要表现的是局部或者整体效果，导播在调度过程中，基本上以大全景为主，适当穿插一些局部小全景，如图5-6所示。而在主体对象运动的情况下，由于摄距变化等原因，景深范围会变得很小，因此近景、特写这样的镜头不宜使用。在运动状态下，被摄主体的近景和特写很容易虚焦。有适当机会时，可进行中景摇摄。例如在图5-7中，当台上舞蹈演员排成某种队形，且有短暂保持状态时，导播可以调度3号机用中景摇摄。以什么样的节奏和时间摇完，取决于这个队形能保持多久。所以说，导播与摄像师事先熟悉节目很重要，这正是导播先期带领团队成员看彩排的意义所在。

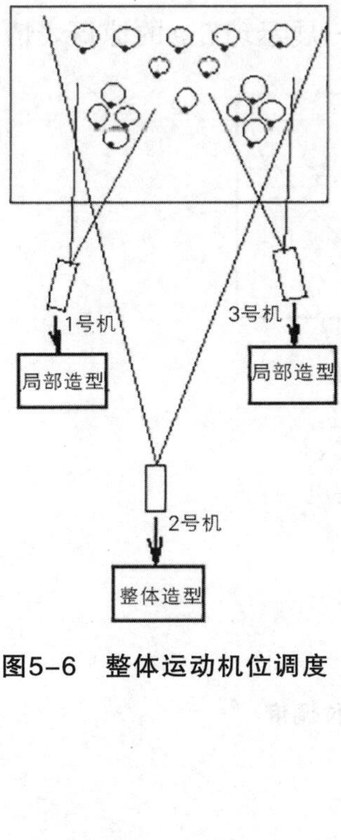

图5–6　整体运动机位调度

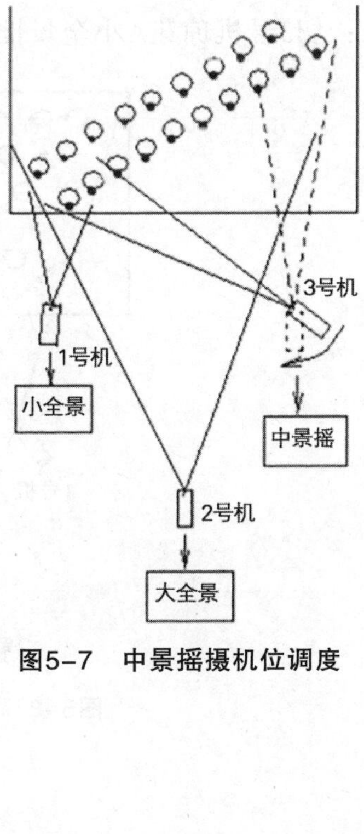

图5–7　中景摇摄机位调度

（二）局部运动时的调度

当被摄主体存在运动，但不是全体同时运动时，调度情况有一定的灵活性。比如话剧、戏剧、杂技等节目的演出，台上可能同时有很多演员，而演员的运动大多是局部位置的运动。如当人物之间有相对运动、有对话、有情感交流时，会有丰富的面部表情和肢体动作展示。这时，画面的镜头调度除了被摄对象的自然出画、入画以外，还可以采用灵活的调度模式。导播应积极并正确地调度机位获得理想的镜头。

例如图5-8是歌剧《红色娘子军》演出中的一个场景：图中琼花A向往革命，一路寻找红军，来到红军驻地，看到了正在操练中的部队与之前为她指点革命道路的恩人洪常青政委B。俩人突然相逢，意料之外的琼花A惊讶得待在原地，意料之中的常青B惊喜地边打招呼边走过去……如果导播只用2号机的大场景也可以从头至尾完整地展示这一情节。但在大场景中，人物之间的那种丰富的面部表情无法清楚地展示出来，这种细节必须靠调度镜头来实现。导播可以先用2号机的大场景交代事件。在此期间，迅速调度1号机中景、3号机小全景反打，切3号机同时要求其慢推至中景，切1号机要求其跟摄B的同时慢拉，最后B、A两人小全景入1号机画面。这一过程的画面展示依次是：

画面1：2号机全场大全景——展示事件发生的大环境，琼花A上台入画；

画面2：切3号机琼花A小全景推至中景——展示琼花A的惊讶表情；

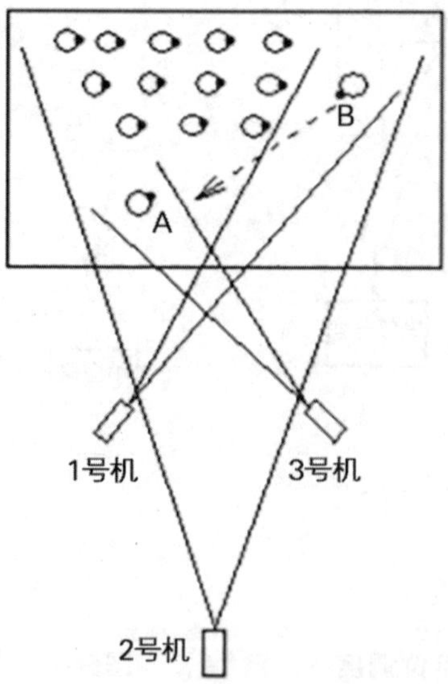

图5-8 实际演出机位调度

画面3：切1号机常青B打招呼的小全景——展示常青B的惊喜表情；

画面4：切2号机大全景——展示常青B在说话时向琼花A走去的运动方向；

画面5：切3号机小全景——展示由惊讶转为惊喜的琼花A的表情；

画面6：切1号机小全景跟摄常青B至琼花A入画，两人紧紧握手——展示重逢的喜悦；

画面7：切3号机A、B二人侧面中景。

……

在这种群体对象中，存在部分对象局部运动的情况是很常见的，尤其是人物之间的相对运动、对话表情、肢体动作等。怎样艺术地、准确地表达人物的情感交流、神态表情、肢体语言、动作结果等，完全取决于导播对节目的认知以及导播在调度过程中的镜头快速构思。导播应尽可能多地给观众提供有效信息，但也要注意过多的信息可能会使观众产生视觉疲劳。

总之，在直播、录播过程中，每一瞬间都是节目整体的一部分。当一个节目的下一个瞬间将要出现的时候，导播要快速设想接下来作品的面貌，设想将要出现的这一瞬间在作品中的分量，相应地创造出许许多多“一瞬间”。因此导播始终要处理好局部与整体的关系。这种镜头组合的成功与否，往往取决于导播的镜头调度能力。需要指出的是，这种能力不是一次两次、一天两天就能练出来的，需要经验的不断积累，需要导播不断总结、不断提高，这是一个循序渐进的过程。

第四节 画面切换技巧

操作切换台，完成导播意识中的画面转换，是我们在学习导播过程中必须具备和掌握的基本功。试想一下，一个连切换台都不会操作的人，怎么能带领并指挥整个导播团队进行工作？因此，导播自身首先应是一个优秀的切换师，至少他干过切换师的工作，即使他现在是团队指挥，可能不做切换工作了，但他也必须非常熟悉切换台的操作技巧。

在第四章中，我们已经学习了模拟切换台和数字切换台的按键基本功能和操作要领，对4信道和8信道的切换台的操作也有了一定了解，在此基础上，我们一起来进一步学习画面切换的技巧。

一、切换台的操作要点

切换台的操作界面是根据大部分人的右手习惯设计的，常用的预选主键盘设计在切换台的左侧，切换杆和跳切键设计在切换台的右侧。操作时，左手放在预选按键区，右手放在切换杆上，见图5-9。坐姿高度与平时使用电脑的坐姿相同就可以了，不要养成单手操作（用一只手既操作预选键又操作切换杆）的不良习惯。如果使用的是有线对讲系统，耳机连线要稍微长一点，以不影响头部摆动和左右手的操作为宜。如果导播工作台安置在现场观众席中，那么导播呼出调度口令的声音不能太大，否则会影响现场观众。右手不要死死地抓住切换杆，只要轻轻地把位，就会有灵活自如的手感。如果不习惯使用切换杆，也可以设置合适的切换时间（ME Time），使用自动软切。注意点击跳切键时要果断迅速。

图5-9 切换台操作基本手法

切换台具有强大的特技功能，但在使用中是有条件的。一般在现场直播节目过程中，导播很少使用甚至不使用，因为切换台上的某些特技的操作步骤较多，甚至需要编程。由于直播节目的实时性很强，不容许导播有过多的时间去做其他事情。除非事先根据节目设计了台本，在切换台上已经进行了个别的应用编程，否则导播是不会在直播节目中随意进行特技操作的。当然，录播情况除外。

二、起幅与落幅

（一）起幅

所谓起幅，就是一场、一段、一节电视节目的起始画面。在EFP制作模式下，导播一般会将切换台的预选键选择在拍摄大场景的机位号上。以3台机位布局为例，这是一种常规的倒三角形布局，在这种情况下，导播会规定3个机位初始状态的景别为：1、3号机正前方小全景，2号机正前方大全景，见图5-10。这样一来，无论对象从哪个方向入场，都会有机位拍摄到。但是预备状态下的起始画面切在哪个机位呢？通常情况下是在2号机位。因为2号机挂的是大全景，可以覆盖整个舞台。

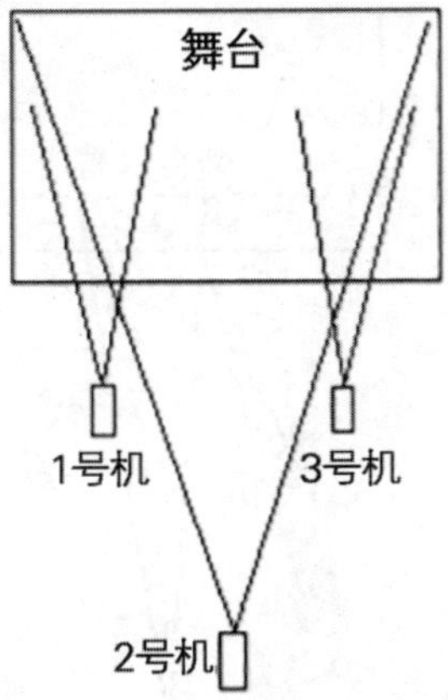

图5-10 倒三角形机位拍摄分工

常见的起幅情况有下面几种：

（1）大幕未开启，有主持人。主持人从舞台中央推开大幕入场，自然入2号机画面。此时主持人画面景别太小，可调度2号机慢慢上推成正面小全景构图。主持人退场，导播指令2号机复位，等待大幕的开启。此期间切换台未操作，仍然处在2号机位的预选位置。见图5-11。

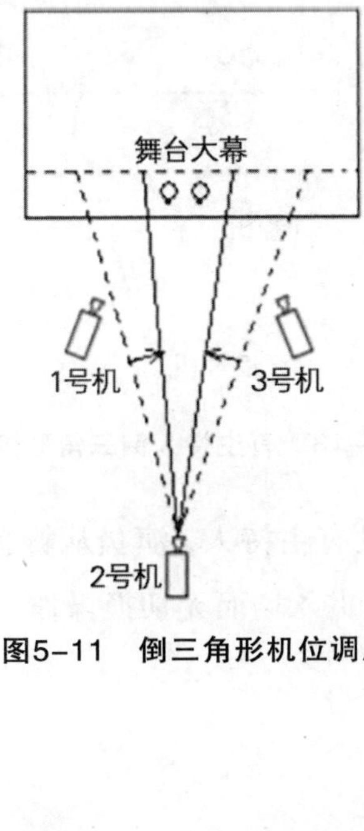

图5-11 倒三角形机位调度

（2）在上述情况中，由于2号机距离较远，视觉上会觉得景别仍然偏小，导播应该在2号机推进的过程中，指令1号机（或者3号机）进行近景构图。操作切换台从2号机的景别叠入1号机（或者3号机）成侧面近景构图。见图5-12。（2号机复原）

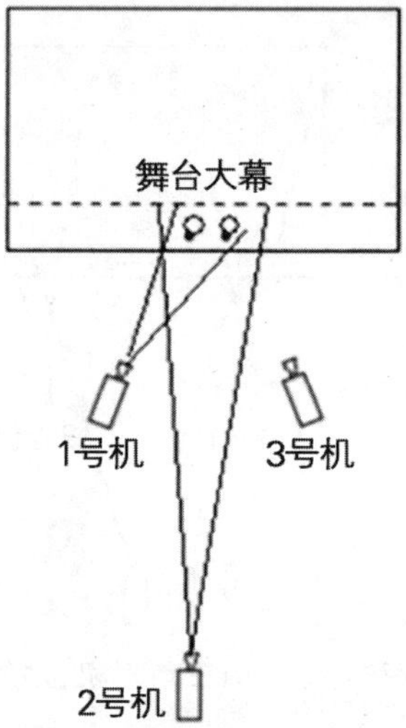

图5-12 倒三角形近景机位调度

（3）大幕徐徐开启，舞台大全景随着大幕的开启慢慢进入2号机的画面，主持人走入舞台左侧台口定位，切入1号机画面，中近景。见图5-13。

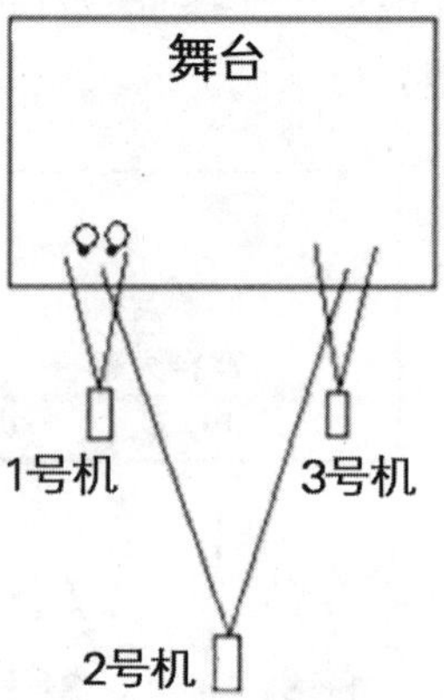

图5-13 有主持人倒三角形机位拍摄分工

（4）大幕徐徐开启，没有主持人，演员从舞台两侧入场，入2号机大全景。入场起幅过程中因演员的连贯入场而无切换操作。见图5-14。

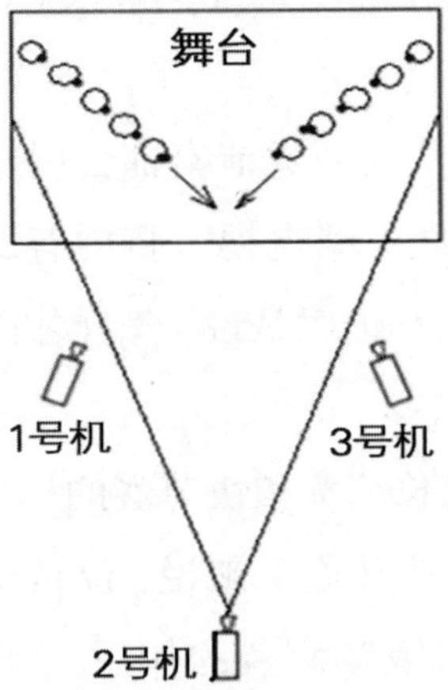

图5-14　无主持人倒三角形机位拍摄分工

（二）落幅

所谓落幅，是指某一段时间内的镜头前节目的结束，既可以是整场节目的结束，也可以是一个段落的结束。节目结束时的演员退场形式有自然退场（演员从舞台一侧或两侧退场）、舞台人物整体造型落幕退场、舞台灯光黑场退场等。无论镜头前的节目以何种形式退场，考虑到可能发生在舞台上的整体造型以及接下来的节目起幅需要，导播都会习惯性地将切换台切换在2号机位的画面上，所以2号机位通常承担着起幅和落幅的作用。有时候，导播也会采用淡出的方式来结束画面。

三、切换节奏

切换节奏是指单位时间内画面变换的次数，也叫切换频率。

切换节奏直接影响着人们的视觉感受，是引起人们产生视觉疲劳的原因之一。

视觉疲劳，通常是在两种极端情况下产生的：

一种是长时间看一个单调的对象。比如，长时间盯着一个静止对象，或者即使对象在运动，但运动很单一缓慢（比如转动中的电子时钟的秒针等），很容易导致大脑疲劳。这也是高速公路为什么不能把很直的路段修很长的原因。

另一种是长时间看变化频率很快的对象（例如电视广告）。在快速接收大量信息的过程中，大脑总是处在高度兴奋、紧张的状态中，时间一长也容易因中枢神经疲劳而导致视觉疲劳。

综上所述，过慢或者过快的视觉节奏都会引起视觉疲劳。

那么，对于导播来说，在忽略电视节目内容的观赏性的前提下，怎样才能有效避免观众产生视觉疲劳呢？也就是说，怎样才能有效避免上述两种极端情况出现呢？

方法就是避免过多使用长镜头和快节奏的切换。

对于大部分观众而言，从理论上来说，保持适当的信息传递频率，即保持平均镜头时间，可以起到缓解视觉疲劳的作用。实践证明，在长时间（10分钟以上）观看电视屏幕的情况下，人脑对画面信息量的舒适感知是画面变换的频率为每分钟小于20个大于10个，也就是一个镜头的展示时间大于3秒钟小于6秒钟比较适宜。在这样的范围内，大脑对信息的接收和处理不会很吃力。带有情节的电影、电视节目，由于叙事的需要，单个镜头展示时间会稍微长一点，平均为5秒左右。广告节目的镜头展示频率最快，平均一个镜头不足1秒。好在单一广告的总时长都比较短，否则连续长时间看这种高频变化的画面，谁都会感到非常吃力。长镜头（单个镜头时长10秒以上）在这里就不提了，因为在EFP模式下，基本上不会有或者很少有长镜头，即使有也是个别情况而已。

下面着重讲述切换节奏。

（一）切换节奏的理性化

切换节奏是指单位时间内画面的变换次数。由于每一个画面的实际停留时间不一定相等，所以在单位时间内，它只是一个平均数。前面已经提到过这个平均数的概念，大概是3—6秒的周期比较适宜。也就是说，以平均4秒左右的信息变化频率，不会使人感到视觉疲劳。需要特别强调的是，切换节奏的快慢与许多因素有关，比如：

节目类型：快节奏、慢节奏节目；

对象魅力：明星、一般演员；

演出环境：室内室外、灯光渲染、观众人数；

导播个性：冷静型、急躁型，等等。

可见，切换节奏存在许多可变因素，其规律的可循性视上述因素而定。由于切换模式有软切和硬切两种，因此切换节奏也有软切节奏和硬切节奏两种。下面分别学习这两种切换节奏。

1. 软切节奏

软切是指两个画面在转换过程中存在叠化的过程，在前面第三章第二节已经进行了讲述。完成这个过程的方式有手动和自动两种。这一叠化过程从开始到结束需要的时间，叫作叠化时间或者切换时间。这个时间的长短在手动模式（Men）时，取决于导播操作切换杆的速度；在自动模式（Auto）时，取决于Me Time时间的设置。软切情况下的画面占有时间是该画面实际停留时间与叠化下一画面所用时间的和，也就是软切节奏周期。这个周期越长，切换节奏就越慢。由于叠化过程中的时间是可变的，这种时间实际上是弹性时间，所以这种节奏也叫弹性节奏。它可以根据节目对象的情况来灵活变化切换节奏。由于它对大多数节目具有较好的表现效果，因此是导播常用的切换模式。但是由于节目类型的原因，并非所有节目都可以使用软切模式。前面提到的话剧、魔术、相声、小品等节目，由于人物之间存在对话、反应动作等特征，其画面中的角色转换可能比较快。比如，甲正在说话，乙就把话抢过去了，乙还没说上几个字，丙又接过去了……如果使用软切模式，画面的切换节奏就赶不上实际节日的演出节奏，所以此类节目不宜采用软切模式。

软切中的手感是非常具有技巧性的，导播非常重视这种手感的作用。有人问：既然自动软切模式更具有稳定性和均匀性，为什么还要使用手动软切呢？这就是一个弹性节奏的应用问题。因为在自动软切模式下，切换时间是固定的，设定的叠化时间如果是两秒，那么每次切换时间都是两秒，而经验丰富的导播不喜欢这种固定的时间模式，更看重手动模式下的弹性时间。因为他可以根据节目的实际情况，在每次推杆的过程中，任意选择先慢后快或者先快后慢，甚至在某一叠化点进行短暂停顿（例如钢琴伴奏师手的特写与歌手面部特写的叠化），从而更加感性地、技巧性地、艺术性地把握这种节奏，完美地进行展示。

2. 硬切节奏

在前面章节中，我们已经介绍了有关硬切的概念。所谓硬切也叫跳切，实际上就是自动软切时间为0的特殊情况。如果采用滑动键（杆），无论导播的动作有多快，滑动键（杆）从一端到达另一端总是需要时间的，无法完成真正意义上的0时间切换。而在很多情况下，镜头与镜头之间的转换不容许有时间过程，比如，两个人物之间的对白转换，就需要快速跳切。因此，导播使用切换台的跳切键来完成信道之间的0时间切换，这就是硬切。在松下WJ-AVE55切换台上，这个过程的完成是将Time时间设置钮设置在0位置，操作时直接点击自动切换键AUTO TAKE键即可。在AG-MX70切换台上，是按下ME键，用时间设置钮将显示屏上的ME Time设置为00:00F。

那么，具体什么情况下使用硬切？一般应根据节目的需要灵活掌握。比如演出节奏比较快、场景变化多、场景比较大、剧情中有人物对话等；还有一些节目是必须采用硬切的，比如话剧、人物访谈节目等；此外，播出现场发生不可预料的事件，比如镜头前突然有观众站起而遮挡了镜头、演员意外出现失误、摄像机突然断电等，都需要导播快速反应，硬切镜头。

导播除了要知道什么情况下使用硬切外，更重要的是把握好硬切的节奏，或者说把握好跳切点。所谓跳切点，就是导播下意识按下跳切键的那一瞬间，这个瞬间既是前一个画面的断点，也是后一个画面的起点。

比如人物A、B的对话场景。A、B两人你一句我一句交替进行，切换时，既不能快，也不能慢。快了，画面超前，声音滞后（切反应镜头是例外）；慢了，声音超前，画面滞后。这就要求导播精确把握跳切点，也就是要精确把握硬切节奏。硬切节奏由于有一定的切换规律，所以也叫特定节奏。

另外，在某些情景剧中，跳切点的把握是没有规律可循的，需要导播对事件进展和结果有一定的判断经验，而且还得有快速捕捉信息的能力。例如，场景中的诸人物（B、C、D……）对发生在场景中的关联事件（与人物A有关）产生的情感反应，可能会用动作、表情、眼神等方式表现出来，于是，导播会迅速地调度机位抓住并切换到其中的某一精彩画面。这种捕捉方式不仅适合演出场景内，也同样适合演出场景外。例如，场内事件特别精彩，观众往往会有非常热烈的情感表达，导播也会恰到好处地捕捉这些场景。这个过程叫作从直接事件表达转换到间接事件表达，这种模式有着特殊的艺术表现效果。由于这种跳切没有一定的规律可循，所以也叫弹性跳切，其节奏叫弹性跳切节奏。

总之，硬切是一种常用模式，而且这种模式操作比较简单，如果不讲究叠化等其他技术效果，那么在任何情况下，导播基本上都可以使用硬切模式。它等同于影视剧中没有叠化效果的镜头组接剪辑，所以硬切模式也叫作万能模式。

（二）摄像师对节奏的把握

在EFP制作中，除了导播对切换节奏的把握之外，摄像师与导播之间也要配合默契。如果节目自身的进行节奏比较快，摄像师就应该估计到导播会在来不及通知他们的情况下就进行画面的切换。有经验的摄像师会自己放慢变更画面状态的运动节奏。因为万一播出画面切换到自己的机位，这个画面至少不至于表达得太糟糕。

有时候导播需要一个景别变化很快的画面，会下达极短的强制性命令。例如"1号快推到底"，这就意味着该机位的摄像师必须以最快的速度推上去，而且他知道在推到位之前导播不会切换到他的画面。当然，导播会把握好这样一个尺度：在一个镜头拍摄到位之前不切换到这个未完成动作的机位。如果提前切了，叫作"早切"。早切的结果是切出去的画面不完美，业内叫"烂镜"。

第五节　切换时容易出现的问题

一、切换时常见的几个问题

初学导播切换时，新手难免出这样那样的错，下面便对切换时常见的几个问题予以论述。

（一）预选差错

所谓预选差错，就是导播在切换台上进行机位切换预选时，发生按错键的现象。我们在第三章第三节中反复提到预选警告问题，没有指明原因，延伸到此处进行阐述：出现这种情况，一般都是由于疏忽大意所致，导播没有注意到警示灯的位置，在不容许预选的一侧进行了预选。这一来，本来是要使用软切叠化的，结果不等操作切换杆，画面就直接"跳"过去了。虽然画面同样切换到了设计的预选机位，但这种"跳"完全不同于正常的跳切。因为在这个"跳"的过程中，画面会产生瞬间停顿和抖晃，这个现象叫作切换延时，或者叫作滞后现象。似跳非跳，极不流畅，是由于预选方法出错导致画面丢帧而引起的反常现象。新手出现这种情况后，往往会更加手忙脚乱，导致差错接连出现。因此，我们在学习切换操作中要细心谨慎，即使出了错，也不要慌。发生预选操作失误后是没办法纠正的，只有沉住气把接下来的切换工作有条不紊地进行下去。特别是输入信道超过5个时，5号机位及其以上的信道预选需要进行双键操作，由于预选操作难度增加，更需要小心谨慎。所以，正确、熟练的切换操作是导播平时就需要练就的硬功夫，也是导播经验的长期积累使然。

（二）切换越轴

学习过摄像技术的人都知道有关轴线的问题，在拍摄中，这条轴线是不能随意跨越的，否则就会出现画面组接上的歧义。

常见的轴线有两种：运动轴线和视向轴线，统称为关系轴线。这两种轴线既可以单独存在，也可以同时存在。例如，舞台上的独唱节目，歌手目光正视前方从后台边走边唱走向前台，如图5-15（a）所示。这时，演员既有运动轴线（图中实线箭头所示），也有视向轴线（图中虚线箭头所示）。当他走到台口停下来，就没有运动了，运动轴线也就不存在了，但是其目光保持正视前方，就依然存在视向轴线，如图5-15（b）所示。显然，在这两种情况下，1、3号机位始终处于轴线延伸线的两侧，只有2号机在中轴线上。按照剪辑原则，1、3号机位对歌手的构图是不能直接剪辑组接的，也就是不能直接切换的。比如，在歌手从后台往前台走的过程中，假如是1号机拍摄的画面，此时画面中的人物的视线方向和运动方向都是朝向右前方的，见图5-16。如果把画面从1号机切到3号机，显然，1号机画面中的人物运动方向和视线方向与3号机是截然不同的，因为3号机拍摄的人物的运动方向和视线方向是朝向台口左前方的，见图5-17。电视机前的观众会因为这前后两个画面产生视觉歧义。同样，如果歌手站在台口，虽然没有运动轴线存在，但是由于其视线轴线依然存在，所以此时1、3号机位之间也不能直接切换。因为一个画面表现的是朝右前方看，一个画面表现的是朝左前方看，那么怎样才能从1号机切换到3号机的画面呢？这就涉及摄像技术中的解决越轴问题的方法。通常，导播会使用一个中性镜头或者转场镜头过渡，比如，先从1号机切换到2号机，稍许再从2号机切换到3号机。2号机画面的过渡无形中引导了观众的视觉记忆，这样就在一定程度上避免了那种直接越轴的视觉歧义。这是针对单一对象的情况需要注意的轴线问题。

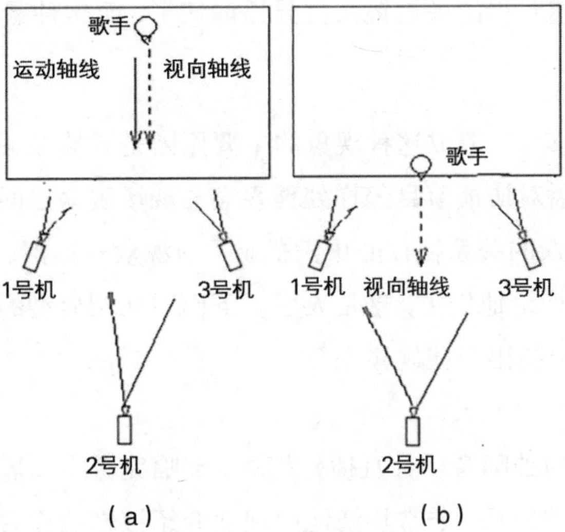

图5-15　舞台轴线示意图

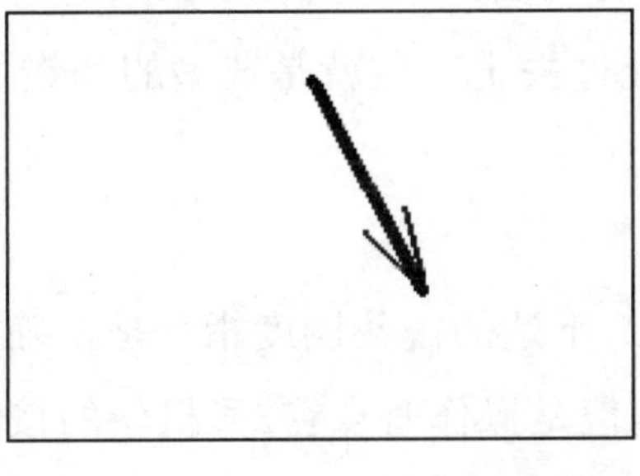

图5-16　1号机拍摄人物运动方向和视线方向

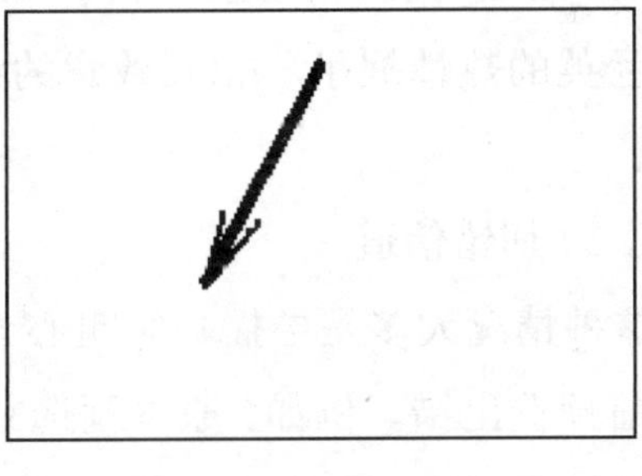

图5-17　3号机拍摄人物运动方向和视线方向

事实上，在很多情况下，舞台上是群体运动（例如大型舞蹈），存在多种无规则运动轴线。由于视觉扩展的原因，观众的视觉信息在不断地发生变化，因此对于切换中不可避免的越轴现象来说，此时的越轴视觉歧义不会形成固像，容易被忽略，切换中也就没有那么多一成不变的、原则上的严格讲究了。

（三）切换不到位

所谓切换不到位，是指在现场切换中，导播出现“漏切”“错切”等现象。

1. 漏切

这种现象是指导播事先知道某个镜头必切，甚至做了精心准备，可关键时刻却漏掉了。比如前些年柯受良完美驾车飞越黄河壶口瀑布，就出现了漏切的遗憾，柯受良飞车到达对岸的关键镜头被导播漏切了，而这种漏切是无法弥补的。

2. 错切

这类现象就更多了，造成这种现象的主要原因是导播在关键时刻对镜头主体不明确。例如，导播对访谈节目怎样处理嘉宾与现场观众之间的关系、综艺晚会怎样处理演员与观众的关系往往心中没数，现场观众一掉泪、一鼓掌、一欢呼，导播就不由自主地切给他们了，这是大忌。下面对几例典型的错切现象进行认真分析，希望大家从中找出一些规律来。

（1）切错主题

歌唱家郭兰英的独唱音乐会直播，当郭兰英唱完《小二黑结婚》中“清凌凌的水蓝莹莹的天”选段后，非常热情地向观众介绍该剧的作者田川。观众怀着尊敬的心情向他报以热烈的掌声，现场气氛达到高潮。此时是切出田川的镜头的最佳时机，可是导播却把镜头切到了现场工作的场面，等镜头切回田川的时候，他与郭兰英的热情握手、相互致意的细节已经过去了。这就是典型的切错主题的例子。

（2）切错信道

这种情况大多是导播一时粗心大意所致，下达的镜头调度指令是正确的，但切换前预选出错。例如，原本预选3号机位，但是操作时点在2号机位的按键上，不小心就切过去了，等意识到出错已经来不及了，画面已经切出去了。这是典型的切错信道的情况。

（3）切错对象

偶尔，导播也会因为判断失误而导致错选、错切。

比如，舞台上A、B、C三个人对话的节目。首先是A说话的画面，导播判断下一个说话者是B，于是预选了B，就在A说完时马上切到B所在信道，结果偏偏接话的是C，这就是由于导播判断失误发生的错切。像这种情况，导播如果难以作出判断的话，可以在调度镜头时把B、C二人带进同一画面，这样就可以避免因判断失误导致的切换错误。如果B、C之间空间距离较大，那就另当别论了。

（4）切错场景

这主要是指导播把演员的“戏”丢掉了，切到了其他场景。这种例子也不少，造成这种现象的主要原因是导播不懂得“戏眼”。比如，赵本山和宋丹丹演出的小品《儿子长大了》，表现他们相依为命、互相关心时有一个动作：俩人互相往对方嘴里夹菜，赵本山刚把菜放到宋丹丹嘴里，现场就响起热烈的掌声，导播“眼疾手快”立马将镜头切给了现场观众。接着宋丹丹往赵本山嘴里夹菜的掌声更响，可电视机前的观众没有看到这一过程，不知道场内观众的掌声为什么变得更加热烈了。等到导播再切回去，这个过程已经结束了。

二、出现切换问题的原因

在某些情况下，由于受到外界或者现场情绪的影响，导播容易出现上述切换问题。总体来说，出现这些切换问题的原因主要有以下几点。

首先是忙中出乱。前面柯受良驾车飞越黄河就是典型的例子。该怎么切、什么时候切，导播事先应该做到心中有数，只有头脑保持清醒，有条不紊，才能万无一失。上述例子正是由于导播心中没数，正式开始后，因现场紧张而慌乱，手足无措，影响了大脑的思维，才造成了失误。

其次是导播对切换主体不清楚，把握不准，像以上所举的郭兰英、赵本山等节目的例子就属于这一类。

然后，盲目“要”镜头也是切换出问题的原因。为了避免镜头单调，导播对镜头做些处理是完全必要的，但一定要根据内容去处理。如果下达口令不准确，摄像师理解有误，未能捕捉目标，就会出现切换错误。

最后是对镜头的景别和镜头运动的实质不了解造成切换不到位。镜头的景别（特写、近景、中景、远景等），镜头的运动（推、拉、摇、移、升、降、跟等）都有各自的特点和作用，导播一定要熟知这些基本常识，才能恰到好处地灵活使用。

三、怎样解决切换中出现的问题

在了解了切换中容易出现的几种问题以及导致其出现的原因后，为了避免此类问题发生，导播应该注意以下几点。

（一）了解节目的特点和规律

访谈节目和文艺节目各有其特点和规律。访谈节目不需要过多的运动镜头，主要强调镜头切换的准确性。文艺节目就复杂了，有动的（如舞蹈）、静的（如相声、评剧），有场面大的（如大型舞蹈）、场面小的（如独舞），有激烈的、快节奏的（如踢踏舞、牛仔舞），有抒情的、慢节奏的（如话剧、小品）；舞台设计也不一样，有平面舞台（一个平面）、立体舞台（三维空间），等等。不同的内容、不同的形式，就要用不同的镜头去处理。镜头语言只有做到既流畅又准确，才能让观众赏心悦目。

（二）加强艺术修养

前面已经提到，导播应该是一个技术比较全面的人，或者说是个多面手。在艺术领域里，导播对各种艺术形式不一定很精，但是不能不懂。哪些地方是“戏眼”、哪个瞬间演员会有“亮相”、哪里是音乐过门与演唱交接点，等等，导播不仅要知道，还要会用镜头去表现。比如，在京剧中，演员随着器乐演奏的节奏，在舞台上绕圈，节奏越来越快，在某一瞬间，演员会戛然而止，甩头向台下观众展示面目，这就是“亮相”。导播如果能恰到好处地抓住这个瞬间，把这个特殊的画面用近景或者特写展示给电视机前的观众，那是非常精彩和有看点的，会让观众得到很强的视觉冲击。这种效果甚至是场内较远处的观众感受不到的。但是，什么时候切？在哪个动作切？调度哪个机位抓拍？全靠导播对“戏眼”的了解、对台上起决定作用的音乐节奏的感知，以及对对象运功过程的判断。这就是艺术敏感。

（三）与摄像师积极沟通

节目的镜头虽然都是由导播切出的，但所有的镜头都是由摄像师提供的。因此，摄像师必须掌握丰富的构图知识，并且默契地配合导播的调度要求。同时，导播必须将节目的总体把握、具体要求甚至分镜头设想与摄像师及时沟通交流。摄像师也可以根据导播的要求提出自己的设想和建议，特别是当导播不能在演出现场、只能依靠各机位传送的画面进行调度的时候，只要身处现场的摄像师提出的建议是合乎情理的，导播通常会予以采纳。

（四）把握好台上（演员）与台下（观众）的几种关系

从以上“错切”的例子看，大多是不该切给观众的时候切给了观众。那么，在什么情况下应该毫不犹豫地切给观众呢？

1. 台上与台下产生互动时

台上打擂（或守擂）的演员和台下支持的观众方阵（啦啦队）产生互动时，要恰到好处地切给观众。

2. 台上的内容与台下的观众产生联系时

比如《开讲啦》节目中，当川航3U8633航班机长刘传建介绍中国民航业处在世界领先地位，大家可以放心地坐飞机时，导播切到了台下乘坐3U8633航班的乘客。数月前，他们经历了一场生死考验，而让那场危机转危为安的，正是刘传建机长。导播的切换让电视机前的观众更深刻地感受到刘传建机长的冷静沉着，以及大家对刘机长的深深敬佩和感激。

3. 台下对台上产生烘托作用时

台上演员的表演对台下观众产生效果时（或哭或笑或鼓掌），切入现场观众镜头可以对电视观众的情绪有所感染，让电视观众有融入现场的感受。比如湖南卫视的音乐竞技类节目《歌手》，就经常切到现场观众被音乐感动得眼眶泛红的画面。但使用这种方式时，导播切记要保持表演的连贯性，不能中断演员的精彩表演，只能在表演的“空档”切入。

第六节　切换中的注意事项

一、以“情”为主

在访谈节目中，当嘉宾说到动情之处时，导播一定要把镜头给他，甚至要用近景或特写。在这种情况下，导播一般不要把镜头切走，切走要有理由。比如访谈节目《做客五频道》采访著名小提琴演奏家薛伟，当薛伟谈到初到英国的艰难生活时，导播切入了一个现场观众镜头：中景，镜头慢推特写——他的眼圈红了，他的眼睛湿润了，眼泪流出来了，他在擦泪。随着薛伟的画外音的步步叙述，这位老人的感情也在渐渐升温。电视观众会想：他是谁？为什么比别人更动情？当主持人介绍他是薛伟的父亲时，现场响起了热烈的掌声。原来这些遭遇薛伟从来没有告诉过父母。“儿行千里母担忧”，真正疼爱儿女的还是自己的父母。所以，像这样的观众镜头不仅应该切，而且还有“文章”可做。当然，这类访谈节目事先准备台本是必不可少的。

二、以“演”为主

以“演”为主，即镜头应该多给演唱者、表演者，尤其在演出的一些精彩之处（演唱的华彩部分）、惊险之处（杂技）、神秘之处（魔术）、动情之处（话剧、小品），以及绝活、绝技等，都不要切观众镜头而中断演员的表演镜头。

三、以“动作”为主

有些节目是以动作为主的，比如：舞蹈、杂技、武术、哑剧等。它们靠演员的形体动作，即肢体语言展现意境。所以，导播在切换时一定不要中断表演。若要切给观众，原则只有一条：不能影响“戏”的连续表达。

四、善于学习，取长补短

导播一定要记住：切出去的镜头是给电视观众看的，不是给现场观众看的，有着二度创作的实质意义。所以，要从接受美学的角度研究受众心理。切出去的画面应符合受众视觉和心理双重意义上的需要。很多节目质量不错，但是因为导播水平的原因，使得播出效果大打折扣。因此优秀的导播要善于学习，取长补短。节目的成功与否除了自身质量之外，与导播水平的高低也有相当大的关系。作为电视导播，我们在不断提升自身的知识与素质的同时，要善于发现、学习他人的技巧与经验，这是成为优秀的导播必须经历的阶段。

一个人的研究与探索是十分有限的，而且由于工作性质的限制，导播不可能有那么多的机会不断地实践，因此必须不断地研究，学习其他导播的成功经验，要善于在平凡之中抓住不平凡的、处理得精彩的一面，多观摩学习。国外不少大牌明星的演唱会由于准备充分、设计严密，播出效果十分精彩，非常具有借鉴价值。对于想提高水平的导播来说，在观看这些优秀节目时，不应以普通观众的眼光来看，而要从专业的角度注意导播是怎样组织镜头、怎样切换、怎样调度、怎样把握观众情绪和节目节奏的，而且要努力去揣度、琢磨下一个镜头会是什么镜头……

本章小结：

本章重点讲述了导播技巧，介绍了一些常用的导播手法与技巧；强调了导播必须具有的技术素质和艺术素养；详细指出了软切和硬切的使用方法，以及它们适合使用的节目类型；分析了如何根据节目类型、演出效果来科学地把握节目的切换节奏；指出了切换中容易出现的问题，以及这些问题可能造成的后果，并讲解了产生这些问题的原因，提出了避免和解决这些问题的基本方法和处理措施。事实上，这章也是前面几章的总结。通过本章的学习，有志从事导播工作的读者可以在实践中去验证、体会这些源于实践的导播经验，快速提高自己的业务水平。

思考题：

1. 什么是导播口令中的约定语？它有何意义？
2. 什么是“直接事件表现”和“间接事件表现”？
3. 观看电视节目时，什么样的节奏和内容容易引起视觉疲劳？
4. 试根据图 5-4，给出不少于 5 个画面的镜头调度过程。
5. 人的大脑对视觉信息变化的舒适感知大约在什么范围？
6. 什么叫“弹性时间”？什么叫“弹性跳切节奏”？
7. 在舞台节目导播中，怎样处理需要“越轴”的镜头？

第六章　模拟导播实践

本章重点：

1. 深入了解什么是非实时模拟导播；

2. 通过参与实践，熟悉非实时模拟导播的全过程；

3. 熟练掌握在编辑录像机上找节目同步点的方法；

4. 通过参与实时模拟导播，真实体验仿真导播的全过程；

5. 练习设备架设、连接、统调、白平衡调整、镜头调度口令、切换操作的全套导播程序。

这一章的内容主要是讲述如何基于电视导播理论课程开展实践，主要目的有两个：一是让学习者加强对切换台的操作熟练程度；二是提高学习者对舞台节目的艺术感悟能力。本课程分成两个实训模式：非实时模拟导播和实时模拟导播。

特别是其中的实时模拟导播，是带真实节目内容切换的实时导播，是相对完整的导播实训过程。这种实训过程非常有效，操作时的现场感很强，使学习者在基本熟悉切换台操作的基础上，提高对画面的调度编辑能力。这种方法使学习者在练习过程中不仅能享受快乐，而且能产生成就感。

第一节　非实时模拟导播

所谓非实时模拟导播，就是利用部分导播设备在实训室内进行的，没有演员、没有摄像师、没有其他导播团队成员的导播过程。方法是采用三四个机位，将已经通过导播过程拍摄好的多机位素材带，在带编辑功能的录像机上分别找到时序同步点，按原拍摄机位号排序，分别装入同数量摄像机中，用摄像机遥控器操作上述摄像机进行同步播放，并且开启其中一台机器的播放音频，学习者根据与机位对应的监视器上的画面进行切换。由于这一过程采用了完整的节目素材带，所以没有现场调度程序，也没有包括摄像师在内的导播团队其他成员，完全由学习者对上述经过调度的多机位拍摄的节目进行主观意愿上的切换，在表现意义上类似于现场直播，所以称为非实时模拟导播。目的是让学习者熟悉切换台的操作，培养其对节目的鉴赏能力和现场编辑能力。

一、非实时模拟导播实训的条件

（1）一个能容纳≥40人观摩的导播实训场地；

（2）一两套完整的可移动导播设备（对讲和TALLY系统可不使用），其中每套设备包含不少于3台同型号且带遥控器操作的摄像机；

（3）若干套（3套以上）3机位以上组成的、采用调度方式拍摄完成的不同类型的完整节目素材带；

（4）一台具备编辑功能的录像机；

（5）电脑、投影机、音箱、激光笔等其他辅助设备。

二、非实时模拟导播实训方案

以3机位为例，建立一个简单的模拟导播系统：用3台摄像机（带遥控功能）、3个分配器、4台监视器、1个切换台、1台带编辑功能的录像机就可以组建一套3机位模拟导播系统。配接方案如图6-1所示。

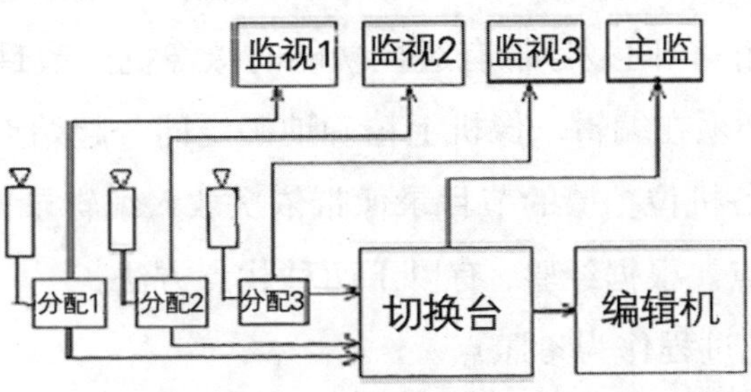

图6-1　导播系统配接方案

三、空切练习步骤（不带节目内容）

（1）将上述设备按图6-1连接好，并通电检查，确保能够顺利进行画面切换。摄像机此时处于摄像模式（可不装带），3台监视器能够观察到对应的画面，用切换台进行试切换，在主监视器上能够看到切换的画面。

（2）由学生操作切换台，指导老师在一边下达机位号指令，学生按老师指令进行预选与切换练习。

（3）达到一定熟悉程度之后，学生在老师的指导下进行手动、自动、特技、截图、拖拽等复杂功能的练习。

以上练习分两次进行，学生每人上机操作时间不少于1课时。

四、实切练习步骤（增加节目内容）

（一）设备准备

同空切练习步骤中的（1）。

（二）找同步点

由于实切练习是带有节目内容的实习，这里的节目内容是指在正式演出情况下制作的节目素材，是通过现场导播调度过画面、全程记录的节目内容，是完整的可用来编辑的节目源。为了再现导播的调度过程，老师可以将原录像带放到摄像机中进行重播，让学生尽可能地模仿原导播的切换意图，这是一种很有效的实习方式。进行这种实习的技术关键点是要求3台摄像机中的磁带必须严格同步运行。简单地说，就是要做到“三同”：播放内容相同、播放起点相同、播放速度相同，所以必须使用3台同型号带有遥控功能的摄像机。节目带在分别放入各摄像机中播放之前，必须在编辑录像机上精确地确定同一起始点。找播放同步点的过程是将准备好的各机位拍摄的节目录像带依次放入编辑录像机播放，观看监视器分别找时序同步点。根据经验，有以下两种找点方法：

第一种，以追光过程作为参照点。

以某个灯光出现的瞬间作为参照点比较精确。例如，主持人走出大幕时，会有追光打过去。一般情况下，这个光斑会进入各个机位的画面，因此选择光斑出现的瞬间作为时序起点的同步点非常好。找点时使用编辑录像机上的编辑环，可以精确到1帧。

以松下10000编辑录像机为例。具体方法是：将需要找点的录像带放入录像机中，倒带完毕后，按下播放键，看到要找的特征点画面出现时，按下录像机的暂停键，使画面暂停；按下录像机的编辑键（该键的编辑状态灯会点亮），操作编辑环，顺时针摇是进帧，反时针摇是退帧，每摇一圈是1帧。比如在看到画面出现追光灯的光斑时，将编辑环反时针方向摇，摇到那个光斑在某一点消失（或者出现）即可，按下录像机的停止键STOP，取出找好点的录像带，这个机位的播放时序同步点就确定好了。再放入下一机位的同场录像带，用同样的方法找到同一个点，直到各机位需要找点的录像带都完成找点为止。此时，磁带上的内容相同、起点相同，但景别和拍摄角度、方向不同。这是最佳找点参照方式。

第二种，以动作过程作为参照点。

如果拍摄的节目带起始端没有可供参照的追光灯出现，可以考虑选择以某一特定动作作为同步点。

例如，主持人上台后，将话筒从下往上抬起到某一特定位置。这个特定位置在各个机位拍摄的画面中应该都能准确判断出来，这个位置点就可以确定为它们的同步点。不过，在选择同场各机位的录像带同步参照点的过程中，与上述找光斑点的方式相比，由于存在视觉上的误差，同步精度稍微差一点。具体找点方法同上。注意，由于各机位的拍摄角度、拍摄方向和构图景别不一样，所以用这种方式找点时，会产生视觉上的位置误差，也就是同步点误差。如果有条件，建议用两台或者三台录像机同时找，在对应的几个监视器上进行精确的静像对比，这样找的同步点比采用单机找的同步点精确度更高。

当然，若没有带编辑功能的录像机，上述找点也可以在摄录一体化摄像机上进行。在摄像机上选择播放模式，在所找点附近暂停，用慢放键进行进帧，但这种方式同步准确度较差。

（三）接出音频信号

接出音频信号的方法是将其中任意一台摄像机的音频输出到外接带功放音箱，或者将摄像机的声音系统音量开启到最大，其他摄像机的声音输出关闭（避免3台摄像机因为同步点的误差造成声音不同步，尽管画面上不明显，但是声音会很明显）。

（四）播放

播放时将3台摄像机并排近距离放置，这样做的目的是保障下一步遥控器操作的可靠性。将摄像机设定为播放模式，分别将找好同步点的1、2、3号录像带装入对应的1、2、3号机位中，检查无误后，在离摄像机尾端2米左右距离处，将摄像机遥控器对准摄像机，按下遥控器上的PLAY（播放）键，3台摄像机会同时启动播放，此时，可在3个显示器上看到3个经过调度的、不同拍摄角度、不同景别的同步画面。学生可以根据画面进行切换，指导老师和其他同学在一旁观看主监视器（建议连接到投影仪），同时完整地、近距离地观看操作者的全部操作过程。这就是非实时模拟导播的实训过程。现场的每一个学生都可以轮流上机操作（每人5—8分钟）。当磁带播放完毕后，可以换一套找好点的节目带，也可以将原带倒带后按上述步骤再次找点，重新播放。

条件具备时，以上实训最好使用2台或者3台切换台组成一个共享系统同时进行，这样可以让更多的学生同时实习。指导老师可以对几个学生切换同一内容而作出的不同选择、出现的问题等，在现场进行点评，这有着非同一般的对比效果。如果使用的分配器是4路以上的，则无须增加其他设备。每增加一台切换台，只需增加一台监视器。图6-2是3台切换台参与实习的设备连接图，可以同时安排3人实习（录像机未画入图中）。

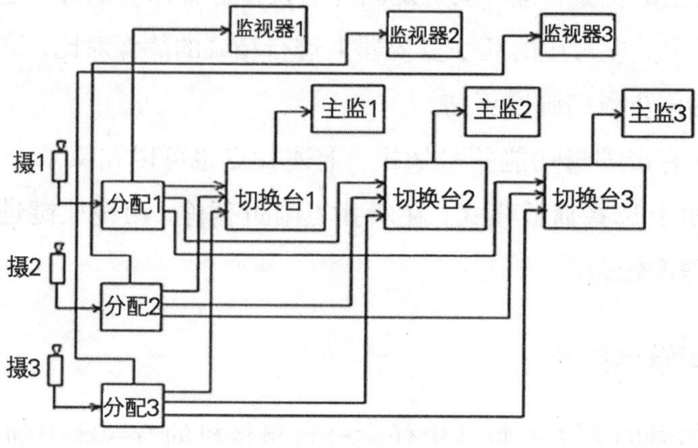

图6-2　导播系统设备连接图

三、注意事项

（1）在切换过程中，如果通过观察画面明显感到某个机器运行有误差（例如同一人物的动作在本监视器的画面中比另外两个监视器看到的超前），指导老师可以通过瞬间两次（一次暂停、一次启动）按压该摄像机上的暂停键来纠正误差。这个所谓的瞬间，响应时间为0.1秒—0.2秒，单次操作可调帧范围为3帧—6帧。误差较大时，可进行多次调帧。

（2）切换进行期间，指导老师如需进行临时性教学讲解，可以用遥控器控制摄像机播放暂停。讲解完毕，再行启动。

（3）指导老师如需进行后期讲评，可以现场录制，并记载好每个同学的操作时间段，这样在接下来的课堂点评时，就可以有针对性地点评某某同学的作业了。

（4）对于初学者来说，所用的节目带内容最好是舞蹈、合唱等场景比较大的节目。因为这类节目相对来说容许一定的切换失误，切换难度相对较小。到一定的阶段可以采用话剧、戏剧等人物表现力比较强、对话内容比较多的节目进行强化练习，提升切换的准确度和艺术感悟力。

（5）使用遥控器操作多台摄像机时，不能出现遮挡，要尽量将几台摄像机平行靠近放置，以保障红外线遥控操作的可靠性。

（6）一旦出现某台摄像机没有启动的情况，或者出现启动时间误差，就意味着同步启动过程失败，不能继续进行，只能放弃，需要取出节目素材带重新找点。

第二节　实时模拟导播

实时模拟导播，是在非实时模拟导播的基础上，面对非正式演出进行的现场导播实习，是给高年级学生提供专业学习的一种模式，是完全模拟实际导播过程进行的一种实习，程序上等同于实战但不是实战，所以在形式上还是模拟导播。不过，由于其使用全套导播系统、有摄像师等构成的导播团队参与，要进行镜头调度，而且有真实的节目表演的全过程配合（表演或舞蹈专业的师生以课程剧目的形式参与，适合有表演课程教学条件的学校进行此种教学），所以我们把它称为实时模拟导播。

具体的方法是，在表演专业上表演或者舞蹈实训课程时，导播课程老师带领学生把所有导播设备（设备配接见第二章图2-21）搬到课程教学的实习剧场，在剧场灯光、音响的配合下，完整地进行现场导播课程的实训教学活动。表演专业的学生在镜头面前真实地演出，学习导播课程的学生在真实的演出对象前进行现场导播。与真正的演出相比，这里没有现场观众。由于这种模式无论是对台上的演员还是台下的导播来说，既有真实感又没有来自观众的压力，所以，双方学生在各自的学习过程中不仅很投入，而且很默契，效果非常好。在导播实训过程中，学生可以出现任何差错，但是要知道哪里错了、为什么会错、怎样才能不出错。

在整个实训过程中，老师只做指导，从设备架设、线路连接、白平衡调整到连机调试，全部由学生自己完成。所有机位的镜头调度、切换技巧也由学生完成，保证所有学习课程的学生都有机会上操作台操作。学生参与这种模拟导播实训的积极性很高，效果非常好。录制的节目带可以由各专业老师分别给参与演出和导播制作的学生进行点评。

需要强调的是，在实习过程中，指导老师要加强监控检查，尤其是对设备的安全管理，要教育学生养成爱护设备的高度责任心，强调和培养学生爱护设备的安全意识，告诫学生今后从事这项工作的地方对设备使用有更高、更严的管理要求。总之，这种模拟导播实训是一种全方位的综合训练，是培养学生综合能力的有效途径。而且由于参与实训课程的有电视编导、节目制作、摄影摄像、影视表演等不同专业的学生，通过实习，他们在合作过程中会对自己所学的专业产生更浓厚的兴趣。

本章小结：

这一章讲述了学习导播课程的几种实训方法，在前面各章内容的基础上，用理论指导实践。通过几种不同的实训模式，学生可以真实地体会到导播工作的严谨性和技巧性，感受到从事导播工作的快乐和成就，有利于增强学习的兴趣和信心。

思考题：

1. 反复练习找同步点的方法与技巧，总结其规律性特征。

2. 观察画面同步有误差时，实训中的典型现象是什么？

3. 观察他人在切换过程中的画面组合有何精彩之处，对比自己的切换进行思考。

4. 统计每 5—10 分钟实训过程中，自己或他人出现的失误次数。

5. 根据实训中发生的失误开展讨论，找出失误原因。

6. 轮换参与团队中的每一项工作，体会各项工作的要点和难点。

7. 对“非实时模拟导播”和“实时模拟导播”的参与过程进行认真总结，写出实习报告。

第七章　不同类型节目的导播

本章重点：

1. 了解情景剧的起源、特点与发展过程；
2. 重点熟悉情景剧制作机位的常规布局与常见演绎关系；
3. 熟练掌握情景剧导播中的镜头调度规律；
4. 把握并熟悉体育节目导播中的基本要求；
5. 理解并熟悉“分段制作”与“整体制作”的特点与区别。

第一章已经提到，随着电视节目的细分化，导播职业也逐渐栏目化和专业化。不同类型的节目需要不同类型的导播，也就是说，不同的节目有不同的导播要求与技巧。本章主要是针对不同类型的节目讲述其基本导播方式。目前，电视节目大致分为情景剧类、新闻类、谈话采访类、会议类、体育类、音乐类以及综艺类，这些节目有各自的导播特点与要求。可以说，本章是全书的总结概括，是对前面各章学习的归纳和应用。

第一节　情景剧的导播

学习情景剧的导播，首先要知道情景剧是什么样的节目，只有这样才能了解其特点，制作出满足观众需要的节目。

一、情景剧的起源与特点

情景剧起源于美国，英文名为Situation Comedy（情景喜剧）。它既有电视剧的叙事功能，也有舞台剧的表演方式，是介于这二者之间的节目。首先，情景剧是喜剧。其次，情景剧多数是室内戏，一般不用外景。早期比较经典的像卓别林演的戏。一个人或几个人在一个小戏园子里演，很多人坐那儿看，边看边演边笑，这种乐呵呵的情景十分受人欢迎。后来广播介入，并进行了转播。电视发明后，人们把这样的剧拍下来，可这样问题就出现了：舞台上演出拍下来了，但下边人笑怎么办？导演干脆把笑声作为后期添加上去，此即观摩笑声。这就是情景剧。起初中国各地的电视台都仿效做这种情景剧，但是没有做得很成功的。再后来，各种电视手段，如片头、外景等都用上了，慢慢地总结、提高，不仅做像了，而且做好了。从带有很强幽默色彩的《我爱我家》，到后来使用相声式语言的《炊事班的故事》，再到引领了网络语言潮流的《武林外传》，情景剧一路走来，吸引了不同年龄段的观众。然而，如今编创者渐渐发现，要逗乐观众已经不是那么容易了。

概括起来，情景剧有如下几个特点：

（一）喜剧性

情景剧是由美国肥皂剧发展而来的，以打发时间为主。此类型的电视剧从出现以来，就一直走着相同的路。情景剧的喜剧性主要体现在对话上，以幽默的语言打动人。因为其场地及制作经费限制，所以只有在情节和语言上出彩，这就要求演员具有很强的语言和形体表达能力。

情景剧大多有喜剧的成分，所以在中国又叫“情景喜剧”，这样才好把灌装笑声加到编剧认为可笑的地方。事实上，在很多时候，预设的笑声并没有刺激观众的笑神经。尽管如此，情景剧依然应该是喜剧或幽默剧，要不然在那么短的时间——通常是25分钟左右（相当于普通电视剧一半的长度），如此单调的舞台呈现，室内的、简单的镜头切换，无法靠情节和画面吸引观众。再者，预设的笑声虽然不能总是刺激观众的笑神经，但观众慢慢会依赖甚至喜欢这种热闹的伴随声响。

（二）贴近性

情景剧的话题一定是与大众的生活息息相关的，与其说在演戏，不如说在演绎百姓自己的生活。也正因为如此，情景剧从一问世，就成为一种受观众喜爱的大众化节目，是一种真正源于生活、高于生活的艺术。

（三）地域性

情景剧以语言体现个性，传播的是小众文化。如《成长的烦恼》，观众必须理解一定的美国文化，懂得美式幽默，否则是看不懂的。如果把《武林外传》拿到美国去，美国的观众也不一定能理解笑声突然冒出来的原因。地方的情景剧有浓郁的地方特色和语言乐趣。所以创作情景剧，一定要立足本土，注意语言形式、话题表达等方面的地域适应性，这也充分反映了这类节目的地域特征。但需要指出的是，这种较强的本土文化特点也束缚了其向域外传播。

（四）独立性

情景剧的独立性是相对的，每一集情景剧通常有一个封闭的、相对独立的结构，即使是再复杂的故事，最多也就在两三集中结束，这个特点影响了情景剧的创作模式。情景剧拍完100集后还可再拍100集。长沙之前有个情景剧《一千零一夜》，演了几年，后来上了个《一家老小向前冲》，又演好几年。反正集与集之间都是独立的，理论上可以无限地演下去。这个特点也让情景剧的编创更适合流水线式操作，多人参与剧本写作，你几集我几集，就这么像玩接力赛一样延续下去。如果观众发现情景剧中有情节穿帮的地方，那一定是剧本统筹的工作没有做好。因为如此浩大的工程，不可能仅由一个人完成，而集体创作的事情，向来很难保持风格的统一。

此外，明星客串也是情景剧的一大特色与成功之道。制片方可以凭借明星的人气拉高收视率，所以，看热播的情景剧就知道哪个名人风头正健。明星可以用很少的时间获得最大的价值，观众也可以频睹明星风采。

这些年比较有影响的情景剧代表作有：《我爱我家》《家有儿女》《武林外传》《东北一家人》《炊事班的故事》《卫生队的故事》《闲人马大姐》《候车大厅》《都市男女》《开心公寓》《老娘舅》《爱情公寓》《追着幸福

跑》《地下交通站》《都市六人行》《生活大爆炸》《摩登家庭》《破产姐妹》，等等。

《我爱我家》成了中国情景剧的高峰，这个高峰在数十年后也没有人能够超越，包括导演本人。虽然后来的情景剧创作者做过不少努力，比如讲一些特殊领域的故事，或者包装成古装戏，但情景剧遭遇创作瓶颈已经是一个不争的事实。

于是有人想到了栏目剧，最早的栏目剧是重庆卫视的《雾都夜话》和湖南经视的《真情对对碰》，内容涉及一些本地真人真事。这些从社会新闻寻找灵感的情景剧从虚构故事跨越到真实事件。此后，全国各地媒体争相仿效，忽如一夜春风来，栏目剧遍地开花，经久不息。

与情景剧相比，栏目剧最大的优势就是成本低。故事是现成的，可以不使用知名演员，不用集中场地拍摄，后期制作完全可以按照电视节目模式进行，只要达到播出标准就行。对于已经渐渐形成规模的栏目剧来说，有如下几个问题需要加以考虑：

第一，品位提升问题。栏目剧同样需要笑料，但要注意提升幽默的方式和品位，单纯的插科打诨、无视观众智商的低俗搞笑方式日益受到冷落。

第二，地域局限问题。最早的《雾都夜话》坚持用重庆方言，湖南的《真情对对碰》说的都是湖南观众身边的事情，充满了地方风土人情色彩。但根植于地域文化的栏目剧如何在全国范围内获得更广泛的认同，还是一个问题，有待深入研究。

第三，市场营销问题。栏目剧在控制成本的同时，也限制了自身的影响力，如果没有更有效的宣传方法，栏目剧同样会淹没在电视剧的海洋中。如今观众的注意力才是稀缺资源，频道已经太多了，网络剧也太多了，何况还有那么多下了血本的电影和电视剧抢夺市场，小制作的栏目剧实在没有吸引观众的充足理由。

二、情景剧的导播实操

了解了情景剧的特点，接下来我们重点学习情景剧的特殊导播方式。说是特殊，其实就是机位架设与调度特殊而已。根据上述情景剧的特点，要制作好情景剧，以下几点与导播工作密切相关。

第一，系列、多集、大规模生产的产品特点，决定了情景剧需要高效、低成本的制作方式。与单机拍摄的方式相比，多信道的制作方式将拍摄的素材单元从单个镜头扩展到多元化结构，大大提高了表演、拍摄、后期制作的效率，基本上演出一结束，制作也就完成了，因此可以将制作周期压缩至最短，将制作成本降至最低。

第二，由于多信道的介入，情景剧需要在演播的现场划分相对固定的场景表演区和拍摄工作区，因此情景剧的场景多是三面封闭一面敞开的，导播需要在划定的工作区布局机位。

第三，多信道制作的连续性与固定场景空间的限制，使情景剧的场景调度极为有限，因此注重人物台词与动作细节成为情景剧制作的必然选择，并决定了导播调度镜头的重点。所以，就导播工作而言，情景剧的视觉呈现与其说是一种主动的追求，不如说是在创作与制作之间的妥协。

（一）情景剧的基本制作流程

情景剧生产制作的第一阶段是产品的整体规划阶段。在这个阶段，导演和编剧需要策划系列故事的主要场景（如家庭、办公室、候车室、工作室等），它必须能够提供剧情上演的容器；需要策划支撑故事的主要人物（如家庭成员、街坊邻居、几个同事、几个朋友、老板店员等），他们必须各具特点，最好是“奇形怪状”的；还要策划初期生产的集数规模（如50集、100集等），并为后续生产制作预留空间（如果初期产品市场反映良好，出品方会继续生产制作，进一步开发、巩固名剧品牌效应）。

第二阶段是剧本策划阶段。制片人、剧本统筹（或称文学统筹）、导演一起按照产品的整体定位和集数规模策划系列故事的所有选题。虽然这些选题会在剧本创作过程中有所改动和调整，但该阶段大体上会确定情景剧的主要构成。

第三阶段是剧本写作与前期筹备阶段。出于生产周期与故事丰富性的考虑，情景剧的剧本一般会由若干名编剧在剧本统筹的总领下分工写作。与此同时，制片人要约请演员、组建制作团队、确定演播环境和录制系统设备；美术设计师在导演的要求下确定场景设计方案，并监督完成舞美搭建。

第四阶段是剧本写作、现场录制与后期制作并行的阶段。对于一个100集的情景剧来说，完成40到50集剧本的时候就可以进入录制阶段了。这时剧本的写作继续进行，现场录制工作负责实施那些已经完成和即将完成的剧本（制片人要进行整个录制周期的规划）。由于情景剧的后期制作与单机拍摄后期剪辑的工作性质存在很大差异，它的主要任务是连接现场录制完成的场次单元、替换修补少数镜头、规范每集的时间长度，所以，情景剧虽然篇幅长但后期制作量并不是很大。一般根据现场制作的进度，后期制作在录制完成二三十集的剧情容量后开始。第四阶段会持续80到100天，能够保证剧本创作、现场录制与全片工作版的剪辑（未最后包装）基本同时完成。以上是情景剧制作的基本流程。

（二）情景剧多信道现场制作的组织

情景剧的制作进入现场录制阶段后，工作安排是非常严密有序的，每日的工作节奏往往也是非常紧张的。

副导演需要提前一天向全体工作人员和相关演员下发第二天的拍摄计划，以便大家提前熟悉剧本、做好相关的准备工作。每个工作日的上午，一般是演员化妆、对台词，导演排戏，各工种做录制前准备的时间。每个工作日的下午和晚上一般都是录制时间。由于拍摄计划的制订要考虑各种因素，因此一天之内录制的内容和场次顺序很可能是跳跃的。为了保证工作的效率和每场戏的质量，工作的程序往往是演员先对一场戏的台词，导演在现场排戏，录制人员再带机走一遍调度，正式录制一遍，不满意的地方再补录个别镜头或者重录一遍。但为了保证每场戏的完整性，也为了减少后期制作的工作量，导播要发挥多信道现场制作的特点，尽量以完整的场作为素材单元提供给后期制作。也就是说，每场戏都要争取不间断地连续拍摄，避免停停走走、单拍镜头过多的现象。

从工作量上来说，情景剧的导播比任何一台电视节目直播的导播都要轻松多了。由于在技术上要处理的信道数目比较少、演员台词比较固定、场面调度相对简单，同时又可以提前观看导演排戏，然后进行带机彩排，所以在正式录制的时候情景剧导播的工作是相对比较简单的。可以说，情景剧导播没有过多的艺术创作空间，更多的是还原一个类似舞台演出的现场，关键在于导播对戏的理解。导播只有准确读解剧本意图，了解导演创作手法，才能用镜头调度和画面切换突出剧情的要点、表现场面的调度、把握演员的表演节奏。因此情景剧导播最为重要的是寻找到适用于情景剧性质的导播规律。

（三）情景剧导播的基本机位设置

通常情况下，情景剧演出的场景类似于舞台演出的空间格局，即三面封闭一面敞开（见图7-1）。这样的场景特点决定了观看角度类似于在剧场里观看舞台剧的观众视角。在剧场里，观众的座席位置虽有前后左右之分，但相对舞台而言，观众都位于舞台台口的一侧。与此对应，在情景剧的演播现场，导播将摄像机置于舞台化的场景敞开面的一侧，相当于用摄像机代替了剧场观众的最佳位置的视角。图7-1是一个典型的情景剧3信道现场制作的机位布局方式。

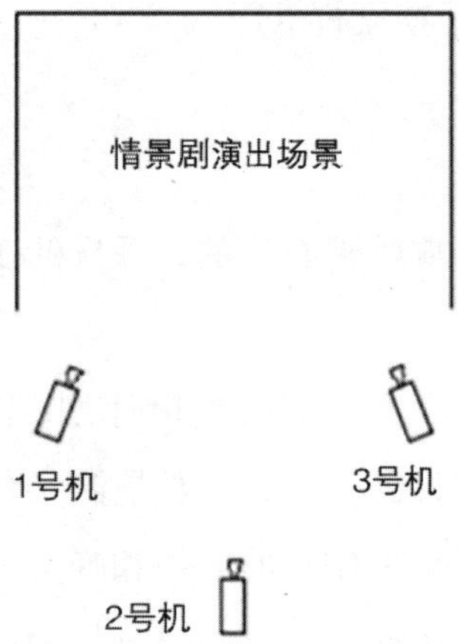

图7-1　3机位布置

情景剧在电视记录出现之前的演绎方式非常接近舞台演出。电视记录需要还原、体现它的品种性质，这就是机位布局方案的重要依据。如果某个机位被放置到场景中或场景纵深处，机位之间相对而置，就很容易造成穿帮的问题。

关于这一点，需要说明的是，现在也有些情景剧的导演、导播为突破画面表现的局限性，特意设计一些深入场景内部的运动镜头或置于场景敞开面对侧的机位。在拍摄周期与设备允许的前提下，这种做法可以丰富镜头表现的角度，提升画面的表现力。但特殊的机位安排往往很难与常规机位形成整体的配合关系，因此这样的镜头需要单独拍摄再在后期剪辑到整场戏当中。同时，单独拍摄这样的镜头，会使整场戏很难保持一气呵成的连贯性。

综上所述，在情景剧的录制中，导播通常会将3个机位放置到场景敞开面的一侧。这是由于情景剧的演绎方式限制了拍摄的角度，而这样的机位布局可以最大限度地保证演员表演的连贯性，从而发挥出多信道制作的优势。

（四）情景剧演绎中的几种常见对等关系

走进一些小型的演播室或者多信道拍摄现场，经常会看到3个机位成倒三角形排列，这就是在第四章中讲到的“常规机位布局”模式。这是什么原因呢？探究情景剧3信道转播的倒三角形机位布局方式，找寻它产生的依据，可以帮助我们理解这种机位设置的原理与作用。

情景剧的场景是一个类似舞台演出的空间，在舞台上，不同的位置有不同的表现力。如图7-2所示，舞台上黑影标注的范围一般不会发生很有戏剧表现力的场面调度，有表现力的场面调度主要发生在图中的9个空间里。而这9个空间的表现力也是大不相同的。导演一般不会把主要人物的重要动作或台词安排在8或9这样的区域中。因为形象地说，这是站岗的士兵或者等待召唤的用人的位置，也就是说，它们是很难引起观众注意的次要位置。重要的场面调度与经典的台词段落一般发生在1或2这样的区域中。因此，我们可以进一步将舞台场面调度的主要区域圈定在图中带水平条纹的三角形区域里。

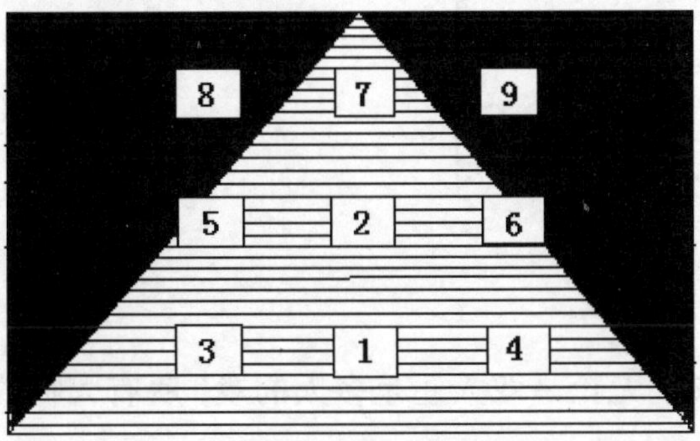

图7-2　舞台主要表演区域图

情景剧场景利用的主要区域与舞台上场面调度的主要区域非常相似，都是中间一个大三角区。两者不同的是，情景剧的场面调度最终呈现在屏幕画框中，多信道的取景使它有了更多的呈现角度（机位）和呈现范围（景别），因此，它比舞台的场面调度具有更多的自由度。据此，情景剧的主要场面调度有以下几种基本形式：

图7-3为双人关系，图7-4为单双关系，图7-5为双对双关系，图7-6为三角关系，图7-7为多人关系。

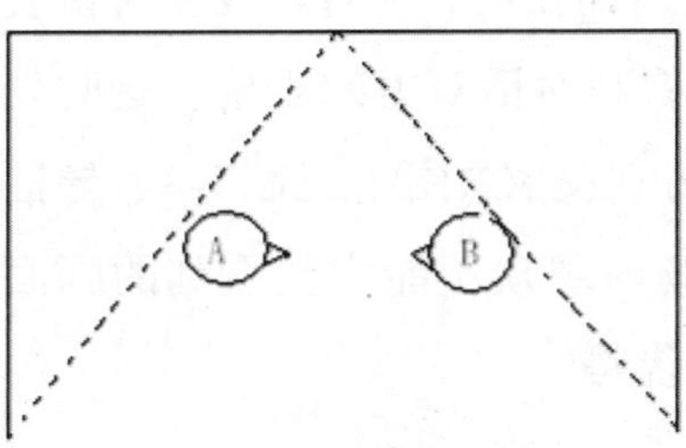

图7-3　双人关系

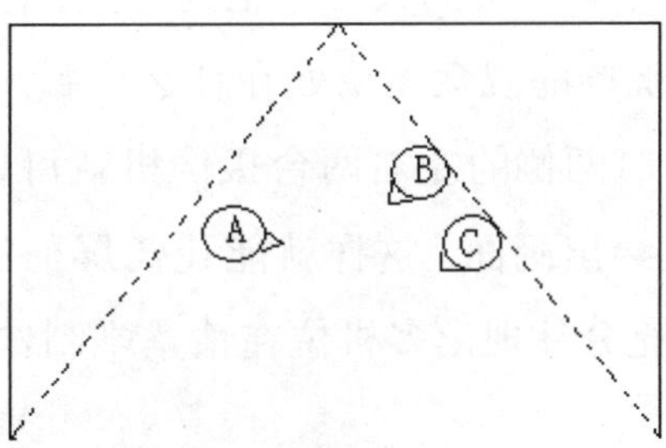

图7-4　单双关系

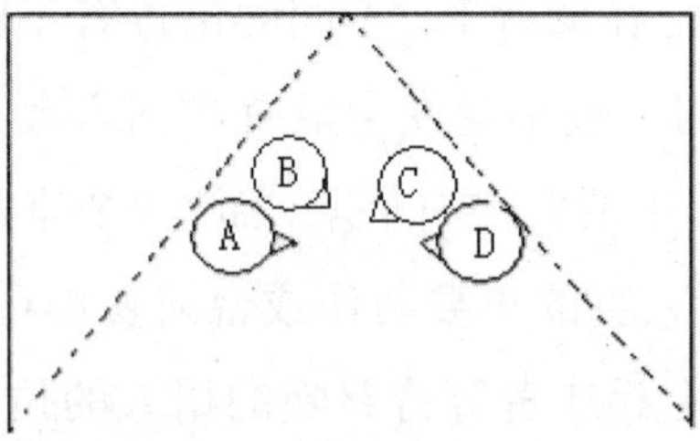

图7-5　双对双关系

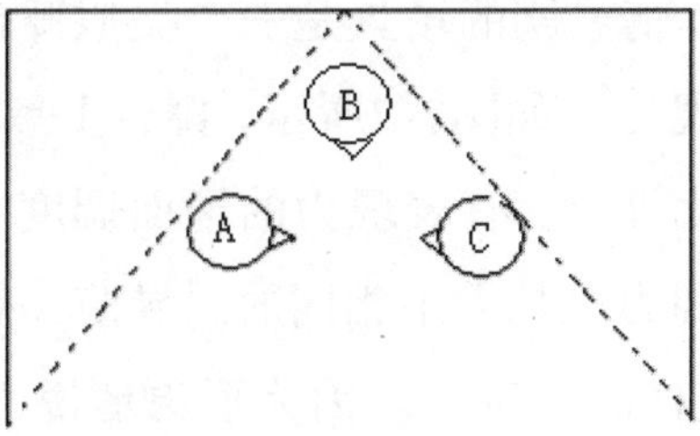

图7-6　三角关系

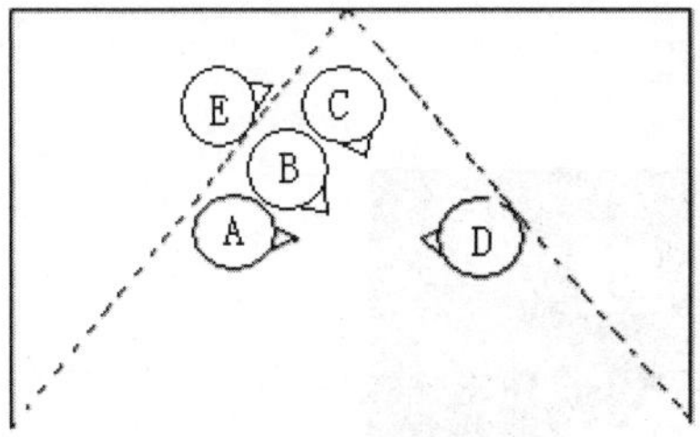

图7-7　多人关系

从以上图片可知，无论是双人还是多人的戏，所有人物的活动范围基本上位于场景中央三角形的区域内，而且人物在场景中左右位置的比重基本对称。这就说明，情景剧的场面调度依然本着舞台场面调度的思路，以齐舞台中轴线的观众视角为中心。所以，为了更准确地交代场面调度的关系，就需要一个在舞台中心轴线上的摄像机位置。考虑到镜头焦距的光学特性，此机位位置（接近或远离场景表演区）的确定取决于它的取景范围。通常情况下，它要用来表现场景的全貌，所以它的位置以能获取场景的全貌为准。这就是“2号机居中置后”的原理，即2号机位于倒三角形的顶角。

另外，在几种基本的场面形态中，人物的具体位置虽各不相同，但交流关系线却相对固定（在这种情况下，个别轴线的问题可以暂时忽略）。当左右两个人或者左右两边的人在对话的时候，他们一般是相对而视的，视向轴线在对话者之间，现场的观众无论处在什么位置，都没法同时看到对话双方的表情。这时处于舞台口两侧的左右两台摄像机就可以采取反打方式交叉拍摄，见图7-8。导播会轮流给出画面，这样就能让荧屏前的观众看到场内观众不能完整看到的画面效果，充分体现出多机位在情景剧制作中的特点与优势。

三、情景剧的镜头调度规律

一个合理有效的机位布局方案只是导播实施录制工作的基础。导播只有通过对各机位精准灵活的调度才不会遗漏现场的全貌和细节。

“调机”就是导播对各机位的拍摄对象、角度、景别、运动形式的安排。前面第五章已专门讲述了镜头调度技巧，这里将情景剧的调度单独提出讲解。其实，它包括两个阶段：一是导播制作台本时对各机位拍摄任务的预案；另一个是导播在录制过程中对方案的实施与临场调度。

对于情景剧的3信道制作而言，导播的调机对象（3个摄像机）是非常有限的。因此找到调机的普遍规律既可以保证还原现场的准确性，又可以提高录制工作的效率。

（一）各机位的主要任务

我们在探讨情景剧的倒三角形机位布局方案时，其实已经对3个机位的主要任务进行了基本的描述。

2号机主要用来拍摄场景环境的全景，所以当需要展现环境、表现场面调度、交代任务关系时，导播通常会调度2号机。

1号机、3号机主要用来拍摄场景中的人物细节。可以说，它们拍摄任务的性质是相同的。

下面举几个简单的例子予以说明。

例一：如图7-8所示，1号机主要负责场景中相对位置在右侧的人物B，3号机主要负责场景中相对位置在左侧的人物A。

例二：当场景中人物的原有位置关系发生左右变化的时候，即A、B位置互换，那么，1号机、3号机的拍摄对象将随之互换，如图7-9所示。开始时，1号机的任务是拍摄B，3号机的任务是拍摄A；当A、B位置调度后，1号机的任务调整为拍摄A，3号机的任务调整为拍摄B。而这个场面调度的过程往往使用2号机来交代，同时也是为1号机、3号机的任务调整留出时间。所以，1号机、3号机在没有听到导播指令的情况下，不要擅自采用跟摄方式去跟摄原对象。

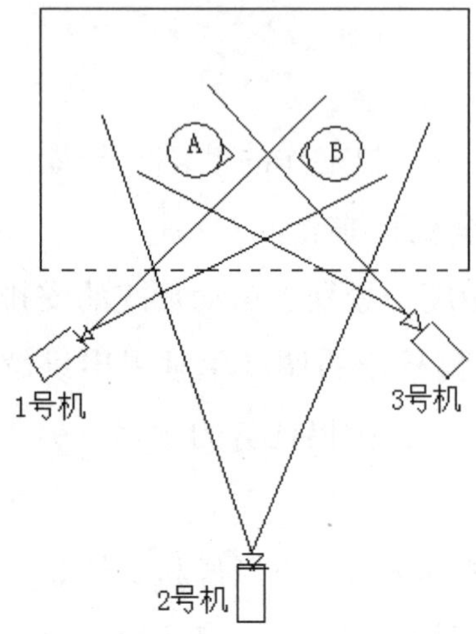

图7-8　反打机位拍摄

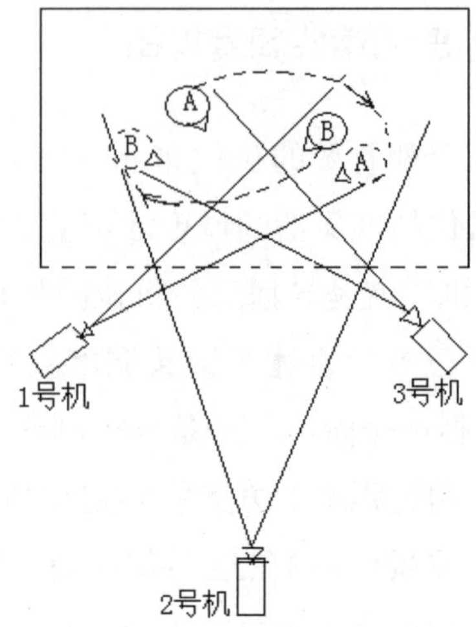

图7-9　反打拍摄对象交换

总之，1号机、3号机的主要任务是拍摄其场景对侧的人物，从而使两个摄像机的拍摄轴线形成交叉关系。这就是摄像构图理论中的“反打”。

通过上述分析，3个机位的主要任务便很明确了。可见，导播需要强调的是各机位的“位置感”与“对拍摄对象的认知”，使各机位的摄像师站到自己的位置上就能自然明确拍摄任务。虽然实际的情况、场景中的人数往往要比示例复杂，但导播在调机时对各机位拍摄任务的分工思路其实是一样的。找寻到这样的规律，导播与各信道摄像师的工作都会相对明晰和轻松。

（二）各机位任务的变通

各机位的主要任务是导播调机的大致思路，由于长期合作取得了共识与默契，各摄像师往往不需要导播发出口令就能够准确地完成这些基本任务。但有时现实的情况比较复杂，需要导播重新安排各机位的拍摄任务。甚至有时候，导播根据剧情的需要会采取一些有悖常规的做法。这时，导播就要将自己的想法及时传递给各机位。

例一：2号机的基本任务虽是拍摄场景环境中的全景，但当场面中的人物较多而且每个人物都需要展现台词与动作细节时，1号机、3号机显然不足以应对太多的拍摄对象，这时导播就需要适时地调度2号机去帮助完成表现人物细节的任务。

如图7-10所示，1号机的拍摄任务是E、F（单人或双人），3号机的拍摄 任务是A、B（单人或双人），2号机就需要先完成交代场面全景的任务，再调度到表现C、D（单人或双人）的任务上。这样既可以明确六个人的位置关系，又可以表现每个人的细节。这就是对2号机任务多样化的一种变通。

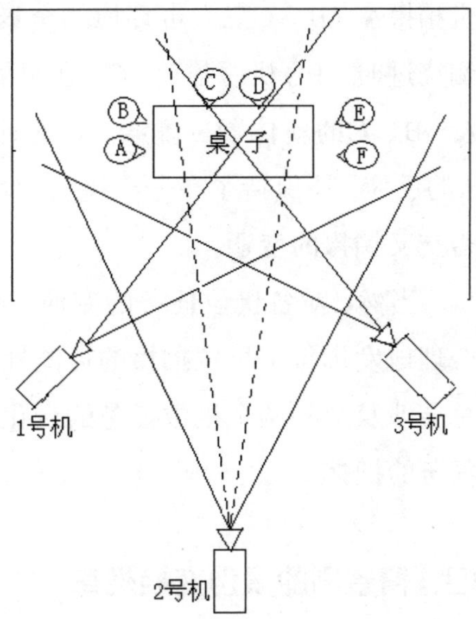

图7-10 主机位调度拍摄

例二：当场面中人物位置的整体布局偏向场景一侧时，用常规的居中的2号机来拍摄全景，构图看起来也许会很难受。这时，导播不妨调度两侧的机位（1号机或3号机）来完成表现全景的任务。如图7-11所示，由于3个人物居于场景中偏右的位置，导播可以用1号机拍摄全景、交代人物关系，而用2号机拍摄B、C，3号机拍摄A。此例是对由哪个机位承担拍摄全景任务的一种变通。

例三：1号机、3号机的拍摄任务交叉是情景剧调机的普遍规律，但有的时候1号机、3号机也会呈现出非交叉的状态。当导播想在一个镜头中保留场面调度的完整性，或者想打破用2号机交代全景场面调度变化的固定做法时，就可以用1号机或3号机跟摇某人来表现调度过程。如此，镜头在运动的过程中就会改变原有的交叉拍摄状态。如图7-12所示，开始时，1号机拍摄B、C，3号机拍摄A，2号

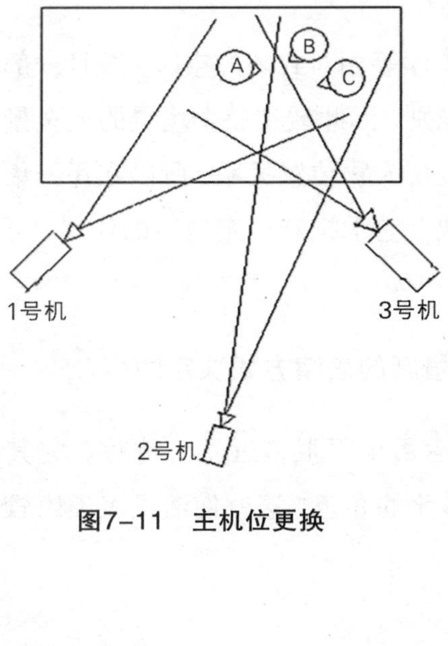

图7-11 主机位更换

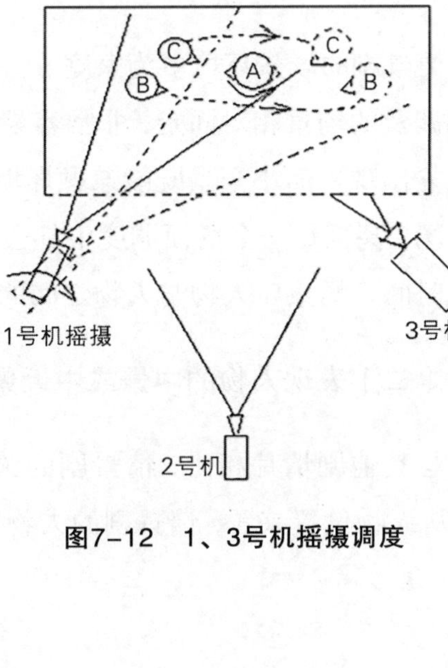

图7-12 1、3号机摇摄调度

机拍摄A、B、C三人带环境的全景；当A在原地向后转过身，B、C分别从A的两侧绕过时，1号机跟摇B、C，在跟摇的过程中，A始终在画面中，直至镜头落幅在A、B、C的新位置（虚线）。这种镜头调度既保留了B、C的中近景，又关照到A的反应，还保持了在一个镜头中场面调度的完整性。此例是对1号机、3号机是否交叉拍摄的变通。

当然，对各机位任务的变通，上述几例远远无法穷尽。导播要根据现场情况合理地发挥每个机位拍摄的可能性。同时需要注意，由于对一个机位的任务调整总会涉及另外两个机位任务的变化，所以灵活地掌握调机规律意味着对整体机位任务的把握。

四、情景剧的景别变换规律

鉴于“景别”认定的复杂性，在讨论这个问题的时候，有必要先就情景剧的景别加以阐明：在画框内最大限度地展现场景全貌的景别为大全景；带有环境并展现群体人物位置关系的景别为小全景；表现人物膝盖以上的景别为中景；表现人物腰部以上范围的景别为中近景；表现人物胸部以上范围的景别为近景。

事实上，情景剧镜头景别运用的主要规律是以小全景和中景（或中近景）为主。具体地说，导播一般调度2号机提供小全景，1号机、3号机提供中景（或中近景）。

（一）小全景是展现情景剧场景与人物关系的实用选择

情景剧的场景环境多为家庭、办公室、餐厅等相对封闭的空间，而且一部情景剧涉及的场景相对固定，非常容易让观众识别，因此展现整个场景的大全景不必反复出现。而小全景既能兼顾环境，又能展现人物位置关系，所以在每一集、每一场，甚至每一个场面调度中都会反复出现。它承担着“定位”的作用，可以交代时间、场景、人物与人物之间的关系等。

（二）表现人物的中景或中近景是由情景剧的表演方式决定的

与其他剧情片相比，情景剧的镜头景别运用少了很多近景、特写。究其原因，从人物设置来看，情景剧的人物多为脸谱化的角色，这就使演员表演比较固定。另外，情景剧多以台词来推动剧情发展，演员也以台词演绎为主要表演手段。因此，用以展现表演细节和具有特殊表意功能的近景、特写在情景剧中并不合适，中景、中近景反而更适合此类风格的表演方式。

（三）以中景或中近景为主的景别规律是由多信道制作情景剧的效率需要决定的

用多信道制作情景剧，每场戏的拍摄通常是连续进行的。这使得情景剧的镜头划分往往不能像单机拍摄的剧情片那么精致细腻。它往往需要在一个镜头中表现更多的信息。由于是连续拍摄，所以镜头景别不宜过小，否则容易顾此失彼，漏掉演员随机处理的动作手势和对手戏演员之间自然的交流动作，而这些细节即使重拍也无法重现最初的效果。中景、中近景则既可以保留人物关系，又可以保留人物的姿态、手势，还可以看到人物的面部表情。虽然中景、中近景镜头的视觉表现力不如近景、特写强烈，但其功能多样化，非常适合情景剧多机连续的制作方式。

需要指出的是，这里总结的情景剧的景别调度规律只是通常的做法。不同的导演和导播对情景剧画面风格的把握是不同的，因此在景别的处理上也会有一定的区别。当然，景别的调度也和整体画面节奏与切换频率等密切相关。

五、情景剧画面切换的一般规律

无论何种类型的节目，导播切换画面的规律首先要符合镜头搭配的普遍规律，也就是要符合画面剪辑的一般规律。但面对不同的对象，导播在切换画面时会有不同的侧重点，切点的选择也会形成一定的规律，这是由表现对象的性质所决定的。因此，情景剧导播切换画面必须从情景剧的实际情况出发。

（一）关注说话人

在情景剧制作中，导播切换画面主要以场面中说话人的变化为依据。简单地讲，就是“谁说话就切谁的画面”。

在情景剧中，A说话画面给A，B说话画面给B，台词表现声画统一的特点非常明显。这就是画面切换“关注说话人”的规律。当然，在表现某人一段较长的台词时，为了避免枯燥单调，也可以切入其他人的反应。

情景剧的故事情节是以人物对白演绎为主要依托的，很少出现单纯的动作段落，因此用画面来展现人物对白成为导播最主要的工作。而且，情景剧中的人物关系较为固定，人物心理的展现也非常直白，导播很少需要用声画错位的表现手法进行叙事。

关注说话人的切换规律使台词演绎与人物表现有机统一在一起，在画面组合上非常符合情景剧的叙事特点。

（二）关注动作细节

在剪辑画面的时候，剪辑师可以借助画面中人物的动作、动势选择剪辑点，这样能够使前后画面的衔接流畅简洁，也更能突出画面的动感。比如转身、抬手、拿放东西、起身坐下、开关房门、上下汽车等动作。虽然它们再普通不过，但剪辑师经常在这些动作当中选择画面的剪辑点。

由于情景剧连续录制的特点，每个镜头的接点基本上是导播在现场录制时一次性选择的画面切点。这些切点的准确性与细腻程度直接取决于导播本人在画面剪辑方面的专业程度、现场反应的灵敏度和切换手感。所以，不同导播的切点的精细程度存在很大差异。

通常情况下，由于不可重复、不可反复推敲的性质，情景剧现场录制的画面切点往往不能像单机拍摄后剪辑的画面剪辑点那么细腻；况且，动作的展现也并不是情景剧的主要任务。面对情景剧涉及的所有动作，导播的重视程度应该有所区别。对于那些有推动剧情发展作用的动作细节以及导演着意设计的有特殊效果的动作细节，导播一定要用相应的画面去表现并作出准确的切点选择。

（三）关注场面调度的变化

虽然情景剧的演绎方式与舞台演出有相似之处，但它还是用电视来观看的，也就是说，它提供给观众的终归不是全景式的观看。而多信道的制作又是用分切镜头的方法表现场景中的信息的，必然会有所遗漏。因此，导播选择的画面应该表现出每一时刻最重要的信息。也许在上述场面调度的过程中，某个角色的表演非常精彩，但全貌与细节不可兼得，导播该如何选择？此时，一般来说，对场面调度的表现更为重要，因为它可以帮助观众清晰识别场景中的人物关系，有利于观众继续观看并准确读解剧情。如果此时画面关注的是某个细节，那么在接下来的观看中，观众会迷惑于那些已经变化的内容。

举个简单的例子，如图7-13所示，A、B两人争辩，导播用3号机、1号机近景分切表现两人激烈的交锋。当导播在切3号机近景表现A时，C入场并向B的身后走去；当C走到B的身后时，A说完了，B接着说。如果此时导播直接切回1号机表现B，那么画面中B的身后就会多出一个新的人物C。这样的镜头组合会使电视机前的观众不解：哪儿跳出来一个新人？所以，在C入场的时候，导播应该先切带有C入场动作的2号机全景来交代场面中的变化，再依据剧情进行后面的镜头组合。

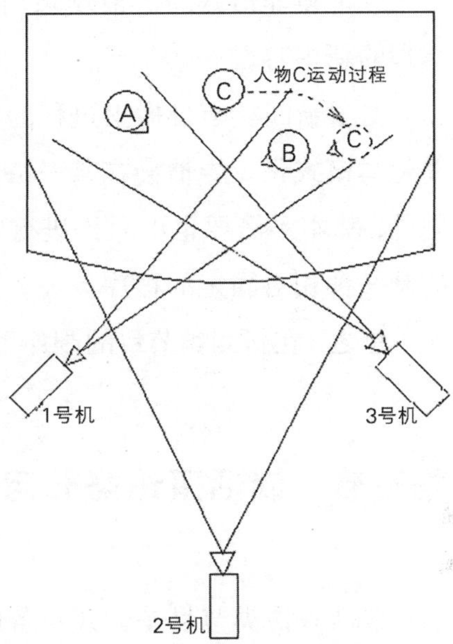

图7-13　人物位移时机位的调度

由此可见，情景剧的画面切换是以清晰交代场景中的人物、人物对白、重点动作、场面状况和场面调度的变化为原则的。因此，它的规律性很强。导播在画面切换时首先要以此为基础，再去适当地追求画面组合的形式美感。

第二节　新闻类节目的导播

新闻类节目的导播是所有导播工作中最基础的。相对于其他节目来说，新闻类节目的导播往往有一套固定的程序，导播要记住一些固定的模式。例如中央电视台财经频道的《经济半小时》，每次主持人走到演播室的节奏和线路相对固定，开头、结尾的镜头也是固定的。导播对开头、结尾的镜头组织要注意一致性，因为这些环节的镜头节奏是节目的“招牌”形象元素之一。再如中央电视台综合频道《焦点访谈》的开头镜头，随着节目片头音乐从有《焦点访谈》标志的背景和地面拉近到主持人……这也是节目的品牌形象元素之一。

值得注意的是，随着卫星传输技术的发展与成熟，现在的电视节目技术有了更大的进步与创新。对于一些发生在异国他乡的重大新闻事件，异地联机同屏播报已经取得非常好的播报效果，因此事先做好策划和技术测试等准备是导播必须掌握的新内容之一。

由于新闻类节目播报过程的单一性和固定性，该类节目的导播过程也变得简单化与模式化。导播会在某一特定内容的关键处根据需要插入相应的画面，除此之外，基本不需要也不允许进行频繁的切换。所以，新闻类节目的导播过程遵循的是一种相对固定的程序。

总之，在新闻类节目的制作里，导播需要的往往不是创新，而是形式的统一。

第三节　谈话采访类节目的导播

谈话采访类节目是近几年各电视台的热门节目，下面就谈话采访类节目的导播做一些介绍。

一、预演时的准备

一般来说，谈话采访类节目会进行预演，经过预演，导播可以对谈话采访类节目作出以下具体安排：

- 确定负责拍摄主持人出场镜头的摄像机机位，确定主持人介绍采访对象的方式，熟悉采访的话题和提问的内容。
- 确定节目进程中是否需要回放插播片段，与相关岗位明确播放插播片段的口令，以及确定拍摄现场回放大屏幕的机位。
- 检查所有摄像机的取景范围，确定每台摄像机的主要拍摄范围。
- 协调不同机位之间在拍摄景别上的匹配。
- 预演节目的开场和结束部分，以及所有拍摄对象的入场和离场。检查现场拾音质量和声响幅度，检查嘉宾的着装是否适合拍摄。
- 摄像师和导播之间应使用统一的标准景别和镜头调度指令，避免在拍摄中产生误解，使用统一的简称可以提高镜头调度效率。
- 通常导播会先给出机位编号指令，然后给出景别指令。

摄像师应充分利用预演来熟悉本机位可以拍摄的范围空间。这样当导播提出镜头要求时，摄像师就能够迅速告知这些镜头的最佳拍摄机位供导播参考。如果拍摄位置处于现场拾音话筒和舞台之间，或处在其他话筒的拾音范围内，那么在移动拍摄时，摄像师应特别注意保持静音操作。另外，在移动拍摄过程中，摄像师要始终注意自己和摄像机阴影的投射位置和方向。

在预演过程中，摄像师在利用拍摄间隙调整摄像机机位时，应当特别对机位位置加以确认。因为谈话采访类节目的随机性很强，现场直播时，几乎没有在拍摄间隙变换机位的可能。如果镜头外的嘉宾突然发言，就需要一到两台摄像机迅速调整机位进行拍摄。在直播过程中，如果确实需要改变拍摄机位，导播会向摄影师询问机位调整所需的时间。富有经验的摄像师的回答总会比实际估算的时间多一些，为应付预想不到的情况留点余地。

在预演过程中，现场助理导播会与主持人在节目调度的手势上取得共识。比如导播要求变换话题时使用何种手势，要求节目收尾时使用何种手势。助理导播要一直站在主持人视线的方向上，保证主持人随时可以用余光看到提示。助理导播作出手势，不能导致画面中出现投影。有的主持人会戴着耳机，以便直接听取导播的指令。需要注意的是，无论是助理导播还是主持人，都要通过各种手段尽可能让参与节目的嘉宾在谈话时忽略演播室环境和摄像机的存在。

二、直播或录播时的导播

助理导播负责在直播或节目录制之前检查通向演播室的所有通道是否均已关闭，工作人员是否各就各位。

切换语言类节目画面，关键在于抓住切换的语言点，就是切在一段话的最后一个字落音时。形象地说，就是“句号”处。切好这一点，就能抓住对话的另一方，即使切过之后原来讲话的人继续说下去也正常。对方的反应同样重要，可以不慌不忙地再切回去。还有的时候，现场观众的反应镜头也要当作节目的要素切进来，以便烘托节目氛围，还可以在将来剪辑时作为剪辑点使用。

切换时应当充分注意以下两点：

第一，前后镜头的景别差别，应营造连贯的视觉效果；

第二，镜头的视觉重量感依赖于拍摄景别以及构图。

画面的构图由景别、机位、灯光以及拍摄对象的姿态、位置、移动方向、关系线、神态、表情等多方面因素共同决定，甚至还包括现场的气氛和环境因素。

比如，谈话类节目中，机位的摆设一般以清楚地拍到每位嘉宾的靠近正面脸部特写为准，高度则要与嘉宾脸部同高或稍低一些，最好不要高于嘉宾的脸部，以免形成大家所忌讳的俯拍构图。而其中至少要有一部摄像机是可以拍到全景的（可同时拍到所有嘉宾），为主机位。

另外，导播也要考虑与摄像师的共同习惯。

习惯上，导播做谈话类节目的机位架设都是倒三角形布局，规定左边1号机拍右侧嘉宾或小全景，中间2号机拍中间嘉宾或大全景，右边3号机拍左侧嘉宾或小全景。

如果你坚持反过来（比如左撇子习惯），变成3、2、1的顺序，这样会很麻烦。因为就算导播自己不乱，摄像师也会因为不习惯而变得反应迟钝。所以，导播应该尽量避免标新立异地乱改原始传统。其实要认清：这个方法前人肯定已经试过了，一定是此路不通，后来才没有人用。贸然更改是很危险的。虽说在制作节目时导播权力很大，但不是用在此处。否则作为导播会非常被动。

节目采访制作是导播经常需要面对的工作，下面来谈谈这类节目应该怎样制作。

一般来说，这些镜头机位的设计需要导播进行自始至终的安排，采访的主要手段落在不同的时间段需要使用不同的镜头。

当主持人介绍嘉宾时，逻辑上导播要给出一个有关嘉宾的镜头，而往往这是容易被忽略的镜头。但此时，导播就应该及时准备好嘉宾的镜头。当主持人说出“今天来到我们演播室的是……”时，导播应该马上切到嘉宾的画面。

在节目临近高潮时，切一个景别较大的关系镜头，会使现场一下子活跃起来，也能向观众交代清楚嘉宾之间的位置关系。在这个时候，通常需要给人物打上字幕，以便再次提醒观众嘉宾的身份信息。而在节目中多次给嘉宾打上字幕也是必要的。

现场制作时，长时间把镜头对准说话人的采访节目会使观众感到厌烦。因为这样会使画面显得单调，而且完全没有必要。观众知道谁在说话，即使他们看不到说话人，也能够听到他们在说什么，所以应该多表现一下参与节目的其他人的反应。比如，导播切一个不赞成说话人观点的现场嘉宾的反应镜头（他正在摇头），观众看了可能会产生其他联想，这就是反应镜头。反应镜头无须太长，但也要有一定的长度，否则观众就会认为是误插的镜头。

反应镜头固然可以提高节目的质量，但也不能过多切换。如果嘉宾很有个人魅力，就无须切断或移开，导播只要把镜头停在他那里就行了。变速变焦也可以创造良好的视觉效果，而且很明显，特别是当采访接近高潮时——它可能成为对一个事件的感情高潮的描写。

下面就常见的几种采访方式进行机位布置和构图分析。

第一种是主持人在一侧的一对二采访方式。一对二和一对一的访谈拍摄有一些共同的基础原则。嘉宾的位置可以灵活安排，主持人可以安排在两个嘉宾之间，也可以在他们的一侧。

主持人在一侧是一种相对简单的座位安排方式，特别是现场只有两台摄像机时。见图7-14所示，主持人单独使用一台摄像机（2号机）进行拍摄。这样就可以拍摄主持人的中近景或中景镜头，甚至可以稍微向右侧移动一下机位，拍摄3个人的画面。

1号机可以单独拍摄任何一位嘉宾，也可以拍嘉宾的双人镜头，或者3个人的画面。在这种情况下，当1号机重新构图时，2号机需要拍摄一些反应镜头。

有了3台摄像机，问题就变得简单多了。见图7-15，1号机可单独拍嘉宾A、嘉宾B，或者A、B二人同时入画。2号机主要拍3个人的小全景，也可以拍嘉宾中的任何一位。3号机主要拍主持人的活动。

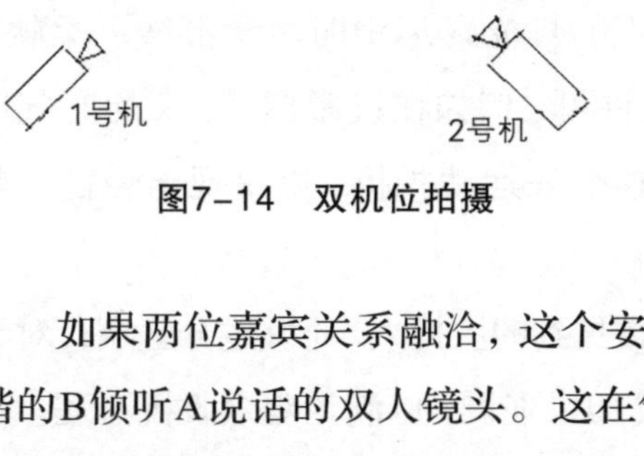

图7-14　双机位拍摄

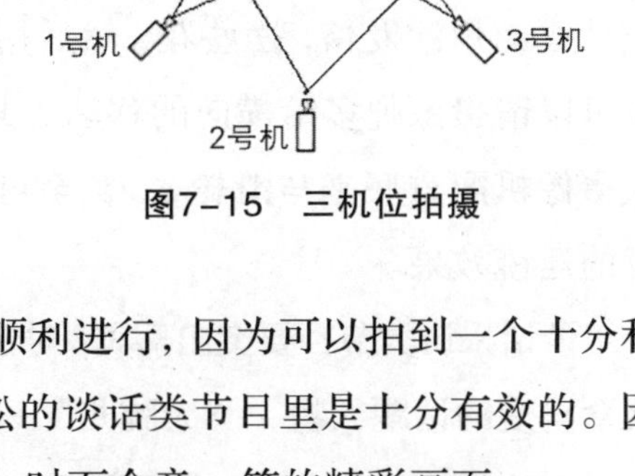

图7-15　三机位拍摄

如果两位嘉宾关系融洽，这个安排就能顺利进行，因为可以拍到一个十分和谐的B倾听A说话的双人镜头。这在气氛轻松的谈话类节目里是十分有效的。因为观众总想看到有人时而被讲述的事情逗笑，时而会意一笑的精彩画面。

第二种调度方式是主持人位于两个嘉宾的中间，这时主持人可以更好地控制节目

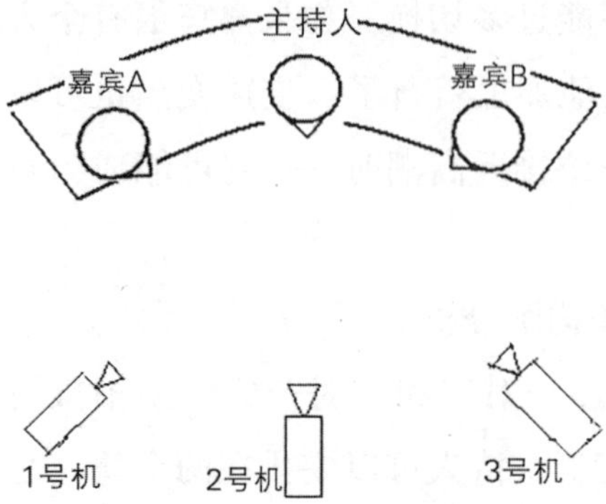

图7-16 三机位拍摄

进程，但是拍摄的难度就加大了。见图7-16。

若只用两台摄像机，几乎不可能很好地完成拍摄任务。当然，如果有一个能力很强的主持人能非常配合摄像机镜头进行主持的话，就可以漂亮地完成节目制作任务。不过，还是3台摄像机配合拍摄比较轻松。

这里的1、3号摄像机主要用于两位嘉宾的拍摄，但调度方式有很多种：1号机既可以拍嘉宾B的单人画面，也可以拍嘉宾B加上主持人的双人画面，还可以拍主持人转向A说话的单人镜头，等等。3号机和1号机类似，只不过拍摄的嘉宾对象不同而已。2号机的主要任务是拍摄3个人的小全景，也可以调度成主持人的单独画面。

这里要掌握一个技巧，就是主持人一定要让导播知道下一个要发言的人是谁。可以通过一些事先约定的暗号，或者主持人就根据编导的安排决定谁是下一个说话的人。但是作为当事人的嘉宾，很可能由于事件的发展而变得情绪激动甚至产生争执、辩解等突发状况，这时需要导播凭经验来处理镜头。

在采访的结尾，主持人会感谢嘉宾的合作。导播要让一台摄像机提前准备好画面，否则切出的画面会很突兀，还得确保主持人知道是几号机在进行拍摄。

采访结束时，很多嘉宾立即想离开演播室去放松一下。通常他们会在开着的摄像机前走动，甚至忘记他们身上还有话筒。因此现场工作人员必须事先跟他们交代清楚，让他们在节目结束时保持原样，直到有工作人员通知他们可以离开再走。

以上介绍的是一般的谈话采访类节目。如果谈话的内容很温馨，可以把场景设计成使用沙发椅，摆些花，然后用柔和一点的灯光。运镜时尽量舒缓、柔软，也可以请摄像师多给横向的移动（只要环境许可，例如在摄影棚里，又配有气压式摄像机配重底坐与滑轮），甚至可以使用摇臂来运动拍摄，以呈现出轻松、美好的运镜效果。

谈话采访类节目要突出嘉宾，对于观众经常见到的主持人，不宜过分强调；对于观众喜爱的话题人物、“大腕儿”，主持人要加以强调，以满足观众收视心理。

在这类节目制作中，导播团队与主持人的协调与配合尤为重要。主持人的工作实际上十分“孤独”。这样说似乎很难理解。但是当你看到这样的场景时，你就会理解那种孤独感了：控制室内挤满了人，而演播室却空空的，只有主持人和现场嘉宾。

当主持人开始主持节目时，他必须忘掉幕后的工作人员，完全地投入工作。如果一个节目制作失败了，主持人就会觉得很沮丧。虽然其他工作人员一样会感到不愉快，但观众往往会把所有的责任归咎于主持人，因为主持人是直接面对观众的。

如果导播以前没有和主持人合作过，那么在第一次见面时导播可以请别人进行介绍或者自我介绍。这样主持人就可能认为这个导播经验丰富而增加自信心，这是一个屡试不爽的好方法。

进入演播室之后，主持人首先必须清楚两件事：一是节目稿，二是自己的定位。当给主持人提供这些信息后，导播一定要在监视器中注意主持人的反应。很多时候，主持人很难立即听懂并明白导播的意图，这样一来，导播就要多重复几次。

第四节　会议类节目的导播

会议类节目的现场制作是电视节目制作中的特殊种类。为什么特殊呢？因为在其他类型的现场制作中，制作部门能够参与组织策划，按照电视制作的规律和特点来安排内容。但会议不行，电视制作机构往往处于被动服务的角色，不能主导拍摄的内容。因此，制作部门和会议组织方沟通并取得他们的支持显得尤为关键。

会议的现场制作或直播属于新闻类节目的制作，导播在镜头组织、字幕形式等方面要遵循新闻类节目的规律。在会议类节目的导播中，我们要注意以下几个方面：

第一，会前和会议组织方进行充分沟通，获得尽量详细的会议议程。

第二，掌握主要参会人员的名单，了解主要参会人员在会场里的位置和活动。

第三，导播、摄像师、字幕员、导播助理都必须熟悉主要参会人员的相貌和姓名。

第四，会议现场打出的字幕必须预先制作好，并请会议组织方的新闻负责人审查签字认可。

在会议现场，在主席台就座的往往是重要人物，因此主席台正面必须有足够的摄像机，比如至少3台以上的摄像机按照主持人的讲话顺序和语速拍摄被介绍的参会人员，这时导播只能用硬切的方式切换。导播必须提前获得主要参会人员的介绍顺序名单，并按照顺序给每个机位分配镜头。比如拍摄对象顺序是张、王、李、赵、钱……段，摄像机号分别是2、3、4号，分镜头排序见表7-1。

表7-1　摄像机位分配

介绍顺序	名字	机位顺序	备注
1	张××	2号机	
2	王××	3号机	
3	李××	4号机	
4	赵××	2号机	
5	钱××	3号机	
6	孙××	4号机	
7	郑××	2号机	
8	陈××	3号机	
9	吴××	4号机	
10	许××	2号机	
11	殷××	3号机	
12	段××	4号机	

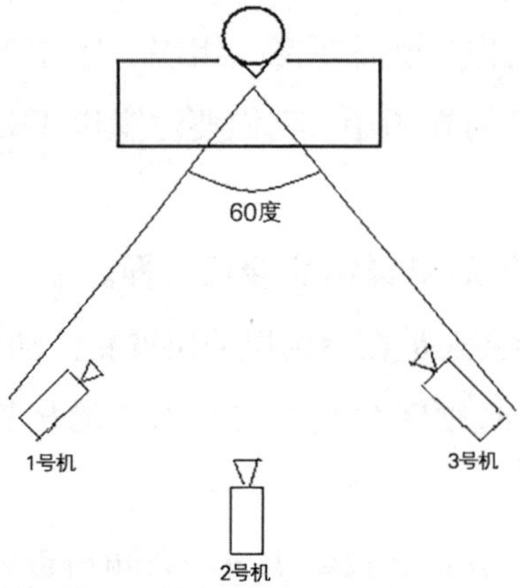

图7-17　拍摄重要人物

根据介绍的顺序，摄像师必须迅速找到拍摄对象。需要说明的是，拍摄重要人物的机位要在拍摄对象正面60度夹角范围内，以获得相对正面的构图，见图7-17。

录制转播会议是电视台重要的工作之一，但导播在直播过程中很可能因场面单调而注意力分散，导致出差错，这是要极力避免的。要注意的是，在发言人讲话时，穿插其他参会人员的镜头要注意宣传纪律。拍摄领导人镜头时注意每个镜头的停留时间，保持节奏均匀。拍摄参会人员要注意他们的仪态，当面对冗长的发言时，部分参会人员可能精力不集中，出现各种小动作，甚至打瞌睡。参会人员不是职业演员，他们很难意识到自己处于几台长焦摄像机的覆盖之下，因此常常会在镜头前做一些非镜头意识的动作。此时导播要保持精力高度集中，一旦发现有不好的预兆，要尽快切开。如果能够在会议开始前请主持人提醒参会人员，会议将被直播，请大家注意形象，效果将更好。

第五节　体育类节目的导播

体育类节目是使用现场电视节目制作手段最多的节目。很难想象没有现场节目制作和转播，当今体育运动会是什么样的传播状况。事实上，体育赛事的主要收入就是来自赛事的转播。本节将比较详细地、系统地对体育赛事的导播进行讲解。

早在20世纪80年代，随着视听传输技术在电视领域的广泛应用，电视直播类节目在一些发达国家和地区已成为电视节目制作的主流。进入21世纪以来，我国从中央到地方，各种电视直播节目大量涌现，特别是许多体育频道，把精彩的赛事直播确立为频道的支柱。

对于大多数体育迷来讲，如果不能去现场，那么收看比赛的现场直播是他们的首选方式。因为赛事现场直播使他们有身临其境的感觉，可以在第一时间享受到体育比赛为他们带来的刺激和快乐。这是电视专题、新闻、专栏节目和其他录播节目无法比拟和代替的。

一场精彩的体育比赛，观众在电视机前看起来是赏心悦目还是费精耗神，是视觉规律还是头晕目眩，电视直播导演镜头的切换是关键。

欧洲足球五大联赛和美国职业篮球联赛（NBA）的电视直播技术已经非常成熟，观众看这样的电视直播除了可以欣赏精彩的赛事外，还能看到行云流水的镜头切换，整场比赛的观赏性非常强。

在直播体育节目时，导播应遵循以下要求：

一、客观公正、胜者优先

体育赛事实况直播能使世界上几亿甚至十几亿观众在同一时间欣赏同一节目，除了体育赛事特定的因素外，客观、全面、公正地进行镜头的切换是直播体育比赛盛况的一个关键因素。只有做到这一点，才可以使不同国家、不同民族、不同文化背景、不同欣赏习惯的观众同时出现在电视、电脑屏幕前。

客观地说，要让观众的兴奋点随着比赛精彩场面的不断变化而有起伏，导播应该选择精彩的镜头切换。

2022年北京冬奥会开幕式，电视导播把世界五大洲不同国家和地区的旗帜、不同民族肤色的运动员代表、不同文化习俗的团队，通过画面切换、镜头大小、时间长短、角度变化，非常公正客观地展现在电视屏幕上，并没有对国际上有影响的体育大国、经济强国在镜头上给予特殊的关照，全世界各地观众在屏幕前观看起来非常自然。

然而，个别电视台的直播对主队有明显的袒护。如客队犯规就连续放慢镜头，主队犯规就省略，有争议时对主队有利就放慢动作，反之就省略。这样的镜头切换不知导播是否清楚，此时收看比赛的观众不只有主队支持者，还有客队支持者，他们会对此愤愤不平，就连主队支持者对此类镜头变化亦会同样反感。类似事件在国际大赛上就发生过。1984年第23届洛杉矶奥运会的电视现场直播由美国广播公司ABC负责，由于ABC的电视导播热捧美国运动员而不厌其烦地大出特出美国运动员镜头，遭到各国电视机构的普遍指责，称这是一次“泛美运动会”，而不是奥运会。

在一些竞技体育项目比赛中，导播对运动员镜头掌握应该是一样的。如在田径和游泳等体育项目比赛介绍运动员时，无论是大牌明星还是一般运动员，每一位的特写镜头的规格应该是一样的。冲线时，原则上应该让观众看到每一位运动员到达终点的情况，因为高水平大赛能够进入决赛已经很不容易了。对于开展此项运动并不广泛的国家和地区来说，运动员能拿到第七、第八名同样意义重大。

1995年第43届世界杯乒乓球赛，中瑞男团决战受到十几亿电视观众关注。在中国王涛与瑞典佩尔森的决胜局，场上白球来回飞舞，精彩纷呈，场下电视机前的观众屏息注视。当王涛以一板凌厉扣杀战胜佩尔森时，他仰天倒地，中方队员、教练员激动地冲入场内紧紧拥抱，泪水伴随着喜悦之情滚滚而下。转过来镜头中的瑞典队员和教练员，目光呆滞、神情沮丧，似乎还没有回过神……

2014年第20届世界杯足球赛，当巴西队在四分之一比赛中以1:7的悬殊比分败于德国队时，镜头画面先是德国观众狂喜，继而是巴西女球迷痛苦抽泣，最后是巴西全体球迷黯然离场，此刻传达出的情感是难以用文字和语言形容的，镜头语言的感染力何等强烈。这组镜头的审美价值远远超过了这届比赛任何一组摄影作品，这在赛事直播中是相当不易的。这组镜头的转换既反映了胜方的喜悦之情，又反映了负方的悲伤之情，同时体现了比赛客观公正、胜者优先的原则，让电视机前数亿观众体会到体育艺术的悲剧审美。

综上所述，“客观公正，胜者优先”是导播必须认识和遵循的一条重要原则，在此原则下，导播制作的体育比赛直播节目才会受到观众的认可。

二、符合镜头语言的规律

在体育比赛电视直播中，观众主要希望看到赛事进程和细节。毕竟自己看到和听别人讲效果完全不一样，所以导播应善于发现和抓住比赛进程中的一些有趣的细节和事件，通过画面讲述一个个动人的故事。

1988年汉城奥运会百米飞人大战，当主持人介绍完8名参赛选手之后，导播调度镜头对准了两个最强有力的竞争对手——刘易斯和约翰逊，并使用大特写突出表现起跑前他俩的面部表情、腿部肌肉和手指的颤动。当比赛结束后，导播又把他俩的起跑、冲刺的过程放在一幅画面里进行对比，使这场“世纪之战”在观众心目中留下了深刻的印象。

在国内足球甲A联赛的一次现场直播中，曾经有一组镜头切换非常让观众失望。在那场比赛的前几天,某队球员A的父亲在车祸中意外丧生，作为主力队员的他没有出现在赛场上。当比赛进行到快结束时，该队攻入关键一球，这时A出现在场边，该队数名球员带着进球的喜悦跑上前去和A拥抱。进球球员指向天空喊话，再指A，从口形可以看出是喊“爸爸——”，场景十分感人。但观众只是在中景镜头里看到了很短的感人画面，导播就按常规操作，回放了球员进球慢动作。这种镜头切换并无问题，但导播忽视了那个情节生动、场景感人的现场镜头，十分遗憾。因此，常规的直播切换手法也要视比赛具体的发展情况而调整。

导播切换要根据场内比赛节奏和场景的变化而变化，镜头切换过程中切记观察观众此时此刻对事件的反应，随时分析观众此刻的视觉需求。

在田径比赛的短距离和中距离比赛中，导播必须保持比赛画面的连续性，尤其是短距离冲刺项目切不可加入其他画面，否则会使观众对比赛结果的真实性产生怀疑。直播跳跃项目时，导播必须使用连贯的镜头反映运动员助跑、起跳、空中姿态、落地的全过程，这样的镜头才能令人信服。马拉松长跑应该少用跟摇镜头，让运动员自然出画，这样既能让观众看到后面队员，还能保持距离感。

在田径、体操、球类项目的直播中，过渡画面宜多用中性镜头，尽量避免使用越轴镜头，以免观众产生方向性歧义。

导播使用图形信号时，应将字幕叠加在较稳定的全景或中近景镜头上，不要出现大幅度推、拉、摇、移现象。只有这样，观众才能清楚地接收画面信息而不会产生视觉上的不适。

三、尽量按照比赛节奏切换

体育比赛导播的职责是让观众先看清比赛，在看清比赛的基础上再让观众全方位、多角度地欣赏比赛。以足球直播为例：通常的做法是用全景把比赛交代清楚，大特写把握关键人物，比赛停顿或节奏舒缓时重放多角度慢镜头，让观众可以从不同角度观赏比赛。

导播应该掌握镜头切换的节奏，绝非切得越多越好，前提是必须让观众看清比赛。某赛季的足球甲A联赛揭幕战，某电视台动用了国内首次使用的十信道转播车。然而直播切换时，切点过多、过碎，景别角度变化过频，好像生怕同行看不出这是十信道转播车。一场比赛下来，圈内人士都看得一头雾水，更别提观众了。因此，导播必须在保持正常直播的基础上，适当切换一些短的特写、反应镜头，这既能让观众看清比赛，也有助于加快观众的视觉节奏，让观众看清运动员的表情，感受到比赛现场的紧张气氛。

有些比赛的镜头是根据动作变化来切换的。如体操的亮相、助跑上器械、空中姿态、落地等一般不在动作中间切换，宜在动作前后切换。在激烈的比赛过程中，观众与教练的反应镜头可以在比赛一个段落结束后切换或进行慢动作回放，不要因反应镜头的切换影响下面的比赛镜头。有些比赛还要考虑音乐元素，如花样游泳、花样滑冰、艺术体操等，直播时要考虑切换与音乐旋律变化的结合。这就要求导播对音乐有一定的研究，即前面提到的导播要具备一定的艺术素养。

体育比赛的情况瞬息万变，但其中也有规律可循。总之，导播要按比赛节奏和项目规律切换，以不影响观众观看比赛为宜。

四、按声画合一的原则进行切换

国际上电视直播包括两种标准信号：

（1）视频：a.现场画面；

b.为画面而配的图形字幕信号。

（2）音频：a.现场的原声信号（国际声）；

b.评论员的声源字幕信号（解说声）。

电视直播应尽可能全面地展现比赛盛况，声画同步是基本要求之一，在此不再赘述。需要说明的一点是，当现场声音采集到位、与画面配合得天衣无缝时，导播要请评论员“休话”。如果当教练布置战术、队员专心听讲，声音采集清晰到位时，评论员不顾及观众此刻心理，高谈阔论，就可能让采声的音响技术人员白忙活一通。无形中，评论员此刻成了多余的人。这就要求导播必须与评论员相互协调。

观众对体育节目的钟爱，不只是因为体育比赛本身精彩，电视直播声画有机结合同样影响着观众的情绪。导播切换声画处理得协调，观众的视觉、听觉效果好，收看直播的兴趣就高，反之就会因不良的视觉、听觉效果影响收看比赛的情绪。

如果是运动类的球赛直播，导播必须保证有多个机位能拍到全场任何角落。以篮球赛为例，至少要有两个制高点的机位，可拍摄到全场。以足球赛为例，至少要有能在两个方向上俯瞰全场的机位（在场地中间高处），两台不够就三台。其他机位则是为增强效果用的。以篮球赛来说，可用增加紧张气氛的篮筐下手持机专拍漂亮的带球上篮动作；以足球赛来说，可用手持机专拍守门员扑球的镜头，或是专抓前锋的镜头等。这些镜头都可以在重播中做成慢动作。导播甚至可以通过开窗（画中画）或分割画面的方式呈现进攻和防守的紧张气氛。

总之，体育运动项目的直播非常复杂，在重大国际赛事的比赛直播中，现场往往有十几台甚至几十台摄像机，因此经常采用多重导播。尽管如此，总导播还常常觉得几十台摄像机不够用。

电视机前的观众不同于场内的观众，他们是通过电视画面和声音了解比赛的。因此直播时，导播手中的镜头切换不可随意，必须坚持原则、讲究规律，要把自己当成一个挑剔的观众，观众想看的我，观众想不到的我也有，使电视观众能从更多的角度、更丰富的细节、更广阔的空间去欣赏比赛。

第六节　音乐类节目的导播

在音乐类节目中，演唱类节目占很大比例。演唱类节目切换一般以歌词为切换点，一句一切或两三句一切。镜头有从灯光、舞台设计中的某一处摇向歌手，或者从歌手转向有寓意的衬托；有直接的切换，也有不断的叠画；有特殊的角度，也有焦点从模糊到清晰或从清晰到模糊的转换，等等。每首歌都应该使用几个大全景，以备编片之需。舞蹈类节目要根据音乐节奏来切换，一两个乐句一切。特别要注意交代运动中的人物关系，从局部人物表情到全身的动作，乃至群体的队形，都要恰当地表达。三者显然不能同时出现，要有最佳组合方式和流畅的衔接。局部的动作特写在舞蹈类节目中一定要有几个，因为它们既有视觉的冲击力，又是将来编辑时极好的补救镜头。

在音乐类节目现场制作中，维也纳新年音乐会无疑是这类节目的精品。从这个节目中，我们能学到很多导播的技巧。

每当新年到来之际，众人瞩目的一场音乐盛会——维也纳新年音乐会就将如期而至。现在这个音乐会已不再仅仅是乐迷们的盛会了，由于数十年的全球直播，欧洲的音乐家和电视人已合力把它打造成了一个世界级的品牌。

每当听着美妙的音乐，看着导播娴熟的切换，电视人一定会发出由衷的感慨：太美了！镜头和音乐有机地、流畅地、完美地结合在一起。每个点，每根音乐线条，每件乐器的切入、切出都是那么到位。

维也纳新年音乐会成功直播靠的是什么？是摄像师精准的镜头呢，还是导播娴熟的技巧？或许两者都有。不过有一点必须肯定，导播的音乐修养在其中起着至关重要的作用。

维也纳新年音乐会的导播不仅熟悉电视直播系统，熟悉镜头语言，还深谙音乐艺术，熟悉施特劳斯家族作曲家们的音乐作品。直播前，他必须经常参加乐队排练，从乐谱那里了解情况。比如十分钟的乐曲里，弦乐组从什么地方起，木管组中的单簧管从哪个乐段出来，什么地方低音鼓会响……对于这些信息，导播不仅要心中有数，而且要能随时准确地捕捉到，也就是要熟悉乐曲中乐器组每个时间段的分工。

可见，要直播或录播一台音乐会，导播必须在音乐会正式演出之前研究透彻这台音乐会的相关资料，知晓音乐的起承转合与电视镜头、画面之间的关系。只有做一个懂音乐的导播，才能使音乐会的播出圆满成功。

那么，要直播或录播一台音乐会，导播要怎么切呢？

首先，导播要了解本场音乐会的主题，对作品有个大致的了解。

其次，导播在了解了作品的创作背景后，还要分析作品的基本结构。了解音乐的结构，对成功导播一场音乐会至关重要。但凡中大型乐队演奏的曲目，都有严格细致的章节。作曲家在不同的作品中，总是根据主题的要求，用不同的乐器或者不同组的乐器来表达自己的思想感情。有时候，这些不同的乐器组是共同奏鸣；而有时候，只是乐器组当中的一件乐器发声，即独奏。在交响乐队或管弦乐队中，乐器组按乐器自身的材料、结构、形状和音响效果大致可分为弦乐组、木管组、铜管组、弹拨组、打击乐组等。如弦乐组是整个乐队的基础，擅长表现抒情的、层次丰富的、强弱分明的旋律；而铜管组则长于表现嘹亮、雄壮、厚实的旋律。熟悉了音乐作品的结构布局，导播在操作时就会得心应手。

此外，导播对音乐会机位的安排也非常重要，这同样是导播及摄像师音乐修养的一种体现。如维也纳新年音乐会的机位设置不同于一般音乐会的机位设置。传统机位的设置基本上是倒三角形外加两侧流动机位，但维也纳新年音乐会的摄像机基本上都在金色大厅楼上两侧或前部位置。这是由于如果从正前方拍摄，只能拍到乐队前部，而中后部乐器组则无法拍到。

假如用7台摄像机拍音乐会，应该将至少5台设置成俯拍或侧俯拍机位。由上文可知，乐器组大致可分为：弦乐组、木管组、铜管组、弹拨组、打击乐组等。5台摄像机分别拍其中的一组，镜头是相对固定的。导播在处理镜头时，哪一组乐器奏响，就能比较方便准确地切到哪一组，这样就比较有章法了。

由于机位设置是俯拍或侧俯拍，所以场景是立体的而非平面的，几个机位都能拍到演奏中的乐器组。正前方的1、3号机负责拍摄主奏乐器，这样就能形成一个错落有序的立体拍摄空间。

第七节　综艺类节目的导播

综艺类节目和其他节目的现场制作的主要区别在于流动机位的设置，在综艺类节目的制作中，必须设置流动机位。流动机位既可以放置在轨道上，也可以使用斯坦尼康（摄像机动态稳定器）。实际上，摇臂摄像也可以理解为流动机位。当然，轨道上的机位不能只片面地做流动拍摄用，更多情况下它要选择最佳拍摄位置。流动机位不但能弥补固定机位角度的不足，还可以使画面变化更丰富。实践表明，舞台口两侧各布置一台摄像机是必要的，在舞台正前方的轨道上布置两台移动摄像机也是必要的。但是流动机位的使用受灯光布置的制约，所以流动机位通常都是在台上。如果灯光把整个舞台照亮的话，摄像师就不好隐藏，很容易在画面中被发现，因此灯光的布置必须巧妙，有明有暗。另外，肩扛或手持流动机位在拍摄的时候由于不使用三脚架，拍摄固定画面时很容易晃动，所以流动机位应尽量避免固定拍摄，要多采用摇移的方式拍摄。

文艺类节目要注意进行艺术处理，强调镜头变化的冲击力：抒情时的移动拍摄应用、摇动拍摄应用，以及高潮时的旋转拍摄应用，都要恰到好处。

非文艺类节目利用多机拍摄进行节目制作时，通常遵循以下两种方法：

第一，将节目分成若干个段落，逐个进行预演，然后录制段落。

第二，将整个节目预演一遍，然后进行实拍。

如果节目使用第一种方法，那么每个预演段落都不会太长，以便相关拍摄细节的录制。如果段落划分得合理，分段拍摄能提高节目的制作效率。但是这种方法需要导播在工作中保持精力高度集中，因为节目被分割成若干个段落后，要想确保每个段落都一次成功，有一定的难度。另外，这种节目的录制工作往往没有条件重新修改前面的段落。

如果节目内容过于灵活复杂，则必须提前为每个机位分配镜头角色（比如2号机负责拍摄全景，1、3号机负责跟拍近景等）。如果采用第二种方法，就需要额外安排节目的预演。如果节目内容可以提前进行精确的设定（比如系列剧、肥皂剧等)，在预演过程中，导播就应当像对待实拍那样确定每个镜头的拍摄细节。同时，团队相关人员也要通过预演对与自己的岗位职责直接相关的情况进行必要的了解。

分段预演拍摄允许对节目进行局部调整，如果发现错误（如构图不满意、声音收录不好、灯光配合出现失误等）可以立刻停止，重新拍摄。在预演过程中，拍摄计划逐步成形，音响和灯光也可以根据需要进行相应的调整。待所有问题解决后，继续进行预演拍摄。

有些直播节目会插播预先录制好的片段，摄像师可以充分利用这段时间进行机位调整。

本章小结：

本章系统地讲述了各种类型节目的导播，其中重点讲述了情景剧的特点与导播要领，对体育类节目的导播要点也用了较长的篇幅讲解。这一章充分体现了对前面各章的综合应用，是导播课程学习的归纳总结。

思考题：

1. 情景剧起源于哪个国家？它有何特点？
2. 情景剧中有哪几种常见的对等关系？
3. 情景剧的切换要重点关注哪些方面？
4. 在重要会议的直播中，导播要注意哪几点？
5. 在体育类节目直播中，导播要怎样避免镜头“越轴”？
6. 举一个体育类节目导播中的视听语言实例。
7. 制作音乐类节目时，为什么要求导播具有一定的艺术修养？
8. 谈谈你对“分段制作”与“整体制作”的理解。

第八章　特殊拍摄

本章重点：

1. 摇臂的概念和使用；

2. 轨道机器人的概念和操作。

通过前面章节的学习，相信大家对于导播工作都有一定程度的了解和掌握。我们可以把导播工作打一个形象的比方：导播就像一个给大家讲故事的人，只有故事讲得精彩才能让大家对导播工作的表示认可。故事的精彩程度取决于讲故事的人的语言表达能力，而画面其实就是导播的语言表达，也就是我们经常所说的“镜头语言”。因此，本章我们将学习如何提高导播的镜头语言表达能力。

图8–1　导播间

说到镜头语言表达能力，我们可以把它看成是一个“智商”加“情商”的综合能力。“智商”指你是否把想给观众表达的意思说清楚了，“情商”指你是否优美地把这个意思表达出来了。而特殊拍摄就像是一种高超的语言技巧，它让你的镜头语言变得更加丰富、更具有感染力。那么什么是特殊拍摄呢？

特殊拍摄，指的是需要有特种设备辅助才能进行的拍摄。

如今，观众对电视节目的拍摄质量要求越来越高，为了满足观众对高质量拍摄镜头的需求，制作团队在制作节目时需要采用各种拍摄设备为观众提供丰富多彩的观看角度、高清画面等。特种拍摄设备可以提供高速稳定的移动拍摄，也可以精准控制摄像机的运动，而且有的特种拍摄设备体积小，不会阻挡台下观众的视线或令台上的表演者分心，还有的特种拍摄设备可以获得传统机位难以获得的优异拍摄角度等，为最终节目画面的组成提供丰富多样的镜头。

目前，我们在节目制作过程中经常使用的一些特种拍摄设备有：摇臂、斯坦尼康、轨道机器人、航拍器等，还有一些新出现的设备，如索道拍摄机、3D立体制作拍摄机等在节目中也会使用（见图8-2）。

图8-2　特种拍摄设备

作为一名优秀的导播，我们一定要勇于突破与创新，把最好的节目奉献给观众。

第一节　摇臂

20世纪90年代以来，随着我国电视事业的蓬勃发展，电视节目制作的手段日益丰富，摄影的辅助设备也越来越多。摇臂技术从西方传入中国，大大丰富了电视节目的镜头语言，增加了电视画面的动感和磅礴的气势，使得电视语言更趋多元化，让观众有身临其境的感觉。摇臂凭借特有的优势，经常能到达其他固定机位不能到达的位置，在大型文艺晚会、体育类节目、专题片等的拍摄中发挥了极其重要的作用。

一、摇臂概述

摇臂主要由摇臂臂体、电控云台、伺服系统、中央控制器、监视器、通信线缆等构成（见图8-3）。要想在拍摄中自如运用摇臂，就要保证臂体水平，以三角架为中心、臂体后半部为半径的圆内无障碍物。摇臂在实际运用中最大的优势是能深入现场，快速完成俯、仰、冲、移等景别变化的镜头拍摄。

图8-3　摇臂

摇臂根据臂体的长度、体积不同，可分为重、中、轻三种。重型摇臂的臂长最长，可达18米以上，体积较大，常用于空间开阔的外景场地；轻型摇臂的臂长一般在6米以内，体积小、移动灵活，部分小摇臂没有电控，多用于家用摄像机在室内拍摄；中型摇臂是我们日常见得最多的摇臂，臂长一般为9米至18米，室内使用得较多。随着科技的发展，出现了电动伸缩臂体，使用更加方便，既可以在室内使用，也可以在室外使用（见图8-4至8-7）。

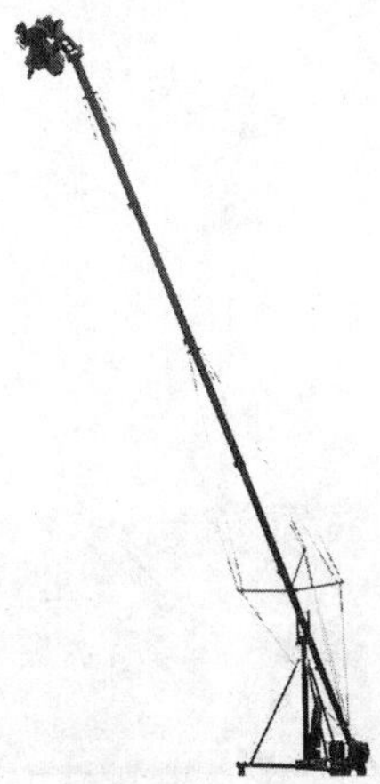

图8-4 18米摇臂

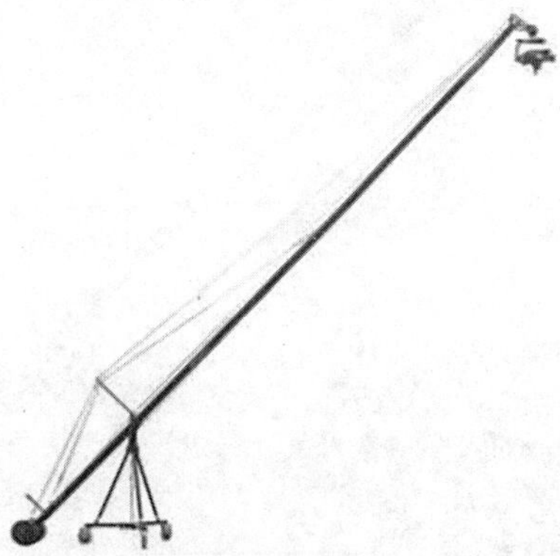

图8-5 8米摇臂

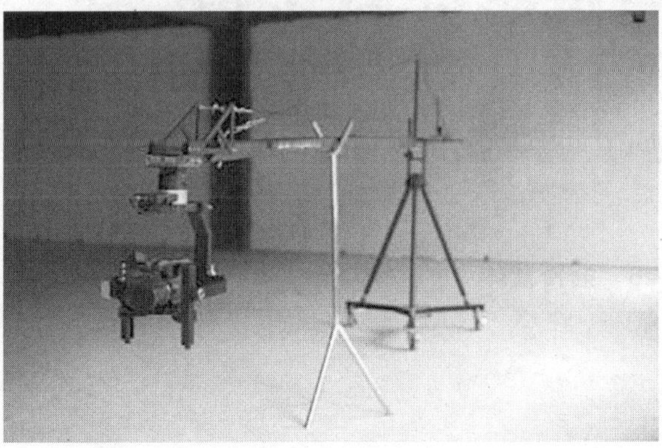

图8-6 6米摇臂

图8-7 3米摇臂

接下来我们以JMD-T-D12型号12米摇臂为例，介绍摇臂各重要部件的作用。

（一）摇臂臂体

摇臂臂体一般都是由铝合金材质做成的，形状有三角形、方形、圆形、八面体等，长度从1米到20多米不等。摇臂臂体的主要作用是控制摄像机的整体移动，提供不同的拍摄角度。

图8-8　摇臂臂体

（二）电控云台

电控云台的主要作用是控制摄像机的水平旋转、垂直俯仰，实现多角度的拍摄。

图8-9　电控云台

（三）伺服系统

伺服系统主要负责控制摄像机的镜头变焦（推拉）、聚焦、光圈调整等，使得摄像师可以实现不同镜头效果的拍摄。

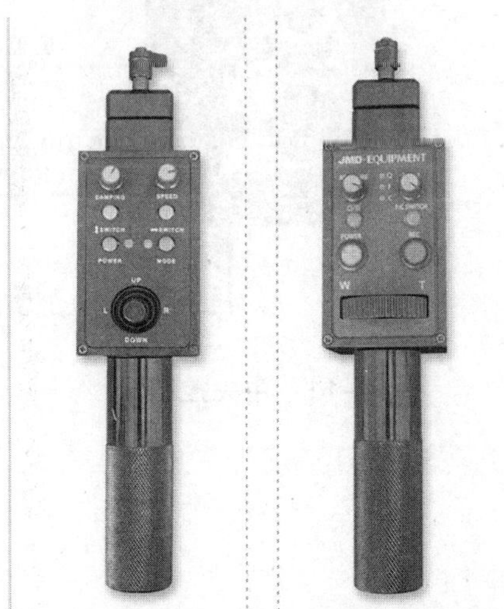

图8-10　伺服系统

（四）中央控制器

摇臂所有控制信号、视频信号、电信号在中央控制器进行集中滤波、放大等处理，再进行输入和输出。

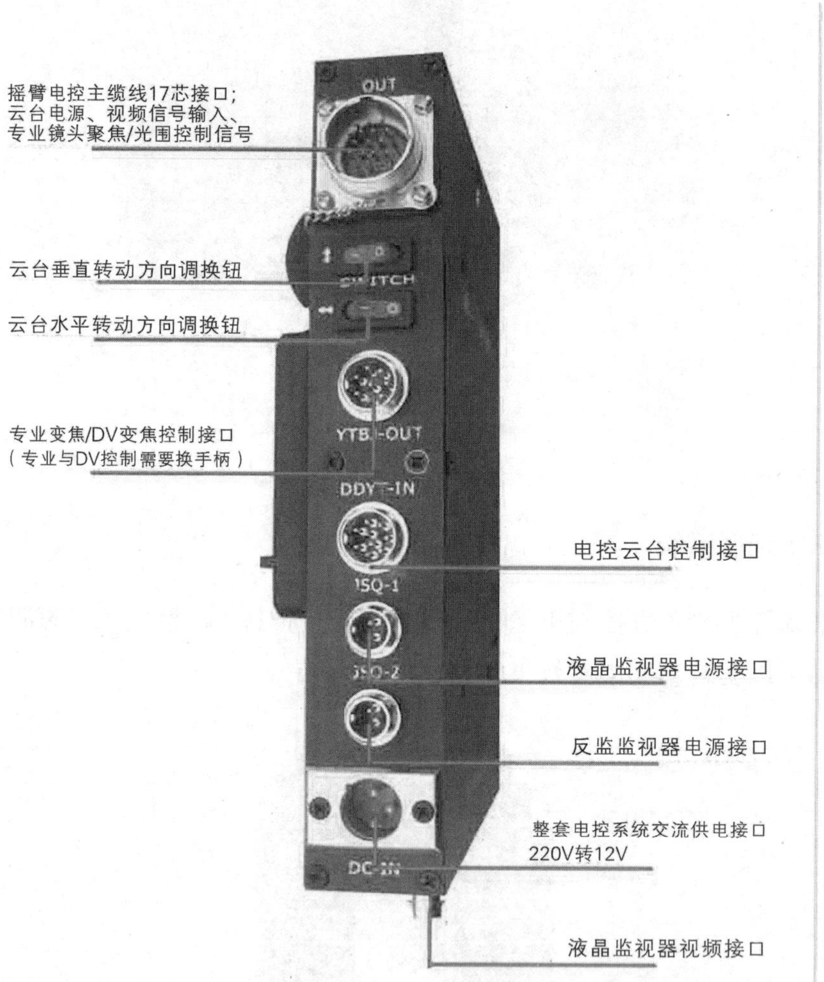

图8-11 中央控制器

（五）监视器

监视器是导播用来监看摄像机返回画面的机器。

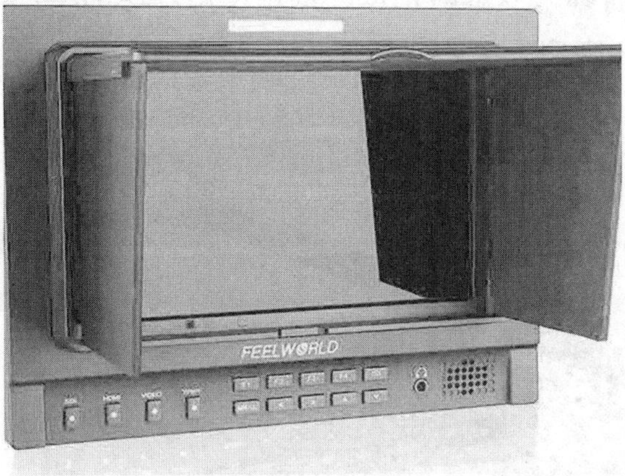

图8-12 监视器

（六）通信线缆

通信线缆负责不同信号的传输。

图8-13 通信电缆

二、摇臂的种类

（一）大摇臂

大摇臂也可以称为电控摇臂，有专业的电控伺服系统。摄像师可以在后端操作摄像机，实现不同镜头效果的拍摄。根据使用环境的不同，大摇臂长度从3米到18米不等，多用于晚会、综艺节目等。

图8-14　大摇臂

（二）小摇臂

小摇臂也可以称为手动摇臂，长度一般在3米以下，没有电控伺服系统，摄像师通过手动控制来实现拍摄。小摇臂最大的特点就是适合小空间拍摄，能营造出多种空间的镜头效果，多用于室内直播、访谈节目等。

图8-15　小摇臂

（三）电动伸缩摇臂

这种摇臂有专业的电控伺服系统，和电控摇臂类似，臂杆也能通过专业的电机控制，实现不同长度的伸缩。和电控摇臂相比，电动伸缩摇臂的优点是无须安装臂杆，使用便捷，拍摄效果更加丰富。

图8-16　电动伸缩摇臂

（四）鱼竿式摇臂

这种摇臂最大的特点是既可以安装在三脚架上使用，也可以挂在摄像师身上使用，所以灵活性特别好，多用于体育类节目的拍摄。摄像师利用鱼竿式摇臂，可以拍摄到其他摇臂设备无法拍摄的画面，拍摄完成后还能及时地离开，不影响比赛。

图8-17　鱼竿式摇臂

三、摇臂的特点

摇臂与三脚架既有相同之处，也有不同之处。三脚架的主要功能是保持拍摄中的画面稳定，但由于固定的高度和活动范围，在运动镜头的拍摄中，三脚架的使用受到限制。摇臂则弥补了三脚架的不足，其底座与三脚架结构一致，但与臂体、云台、控制单元等构成一个有机的系统后，不仅能够保持摄像机的稳定，而且大大增加了摄像机的活动范围。摇臂特有的长臂杆能够深入舞台、赛场等节目现场，这是其他摄像方式所不具备的优势。在一些特殊的摄影时刻，摇臂能让摄像机快速地俯仰、倾斜、倒立，拍出的镜头有别样的美感。

图8-18　摇臂在大型节目现场

如此就避免了单一的取镜方式，节目的镜头语言也变得更加丰富。画面富有动态感、纵深感，画面构图也有了更加多元的选择。摇臂不仅使观众能够从多侧面、多角度来了解、欣赏拍摄对象，而且增加了画面本身的美感，有效提升了节目的艺术水平。

与固定机位相比，摇臂的构造相对特殊，因此它的拍摄空间更大，拍摄角度更多。通常情况下，固定机位只能拍摄平面的视觉效果，即使用移动摄像机进行拍摄，或者改变镜头焦距，也只能改变画面的背景和景深，无法有效变换空间。这种拍摄方法为观众提供的画面缺乏空间感和动态感。而摇臂拍摄技术的创作空间显然更大，它能够以节目需求为基础，拍摄出具备强烈动态感的视觉画面。摇臂拍摄技术讲求在运动过程中进行拍摄，当然，也可以在静止状态下拍摄，灵活性极强。同时，它还有助于增进表演者和观众的互动，能够有机地在同一画面和空间内展示双方，而固定机位要展示表演者和观众的互动只能通过画面分切的方式完成，因此，摇臂给观众呈现的画面更为真实。总而言之，摇臂的这些特点和优势，有助于其在各种类型的节目中被广泛使用。

四、摇臂的作用

（一）放大空间

摇臂在拍摄中可以起到放大空间的作用。但要注意，摇臂应防止与主机位的拍摄穿帮。摇臂的架设位置要恰当适宜、隐蔽可行，一般在暗处拍摄，也可以利用灯光效果，防止摇臂暴露。从某种角度讲，摇臂与主机位的有效配合，是对相关摄像人员能力与素养的考验，更是对导播团队合作能力的检验。团队越成熟，技术运用得越好，拍摄的精准度、艺术效果越佳。反之，穿帮镜头越多，画面效果越差。

（二）调节画面运动节奏

摇臂的基本拍摄要求与普通拍摄一样，也是平、稳、准、匀，但摄像师经常在拍摄过程中利用摇臂的运动镜头来增强画面的节奏感。“平”是画面保持水平，不能倾斜；“稳”是画面稳，尤其是起幅、落幅稳；“准”就是要求摇臂在运动过程中准确拍摄目标主体，特别是拍摄单一主体时，必须使主体在屏幕中的相对位置保持固定，绝不能在运动过程中将主体丢失；“匀”就是速度均匀，虽然摇臂以动为主，但摇臂镜头同其他镜头切换过渡要自然，运动速度同解说或音乐节奏应该基本对应。

总之，摇臂的起幅、落幅画面要精美，画面的运动轨迹要流畅自然，画面内容应该完整、有寓意。动、静画面在切换时要注意复杂线条和规则图形的变化，保证运动过程的画面透视和构图模式的统一。画面起幅过渡到落幅变化要明显，可利用前景、后景、主体三点之间的变化，即空间感的压缩突出摇臂镜头的作用。

（三）构成隐性剪辑

在摇臂拍摄中，每一次从起幅到落幅的运动都是剪辑，这种隐性剪辑是剪辑的特殊形态。摇臂镜头的动态变化引发主体、陪体位置的相应改变。正是在主体与陪体的共同作用下，光线、景别、线条和颜色得以形成动感、立体、交叉的变化，从而使美学、光学、艺术学合而为一，如此动与静的体位互动生成了一个个完整的镜头。

（四）使画面具有动感

“摇臂摄像最大的特点就是‘摇’，即‘移动拍摄’，产生动感，给观众一种视觉上的新鲜元素。”的确，摇臂摄像与其他摄像方式的区别已从其名称中体现出来。通过“摇”，镜头可以动起来，拍摄的画面就具有流动性，能够有效刺激观众的观感。尽管摇臂也可以进行高位的固定拍摄，但使用摇臂进行移动拍摄的频率远远超过固定机位拍摄。摇臂摄像的魅力就在于镜头是运动的，轨迹有起伏，似波浪形，画面流畅而富有动感。

五、摇臂在各类节目中的应用

（一）摇臂在大型文艺晚会中的应用

文艺晚会是由不同类型的文艺节目组成的，其中，歌舞节目占有重要地位。这类节目的拍摄要求画面丰富多彩，而不同风格的歌舞节目又需要不同的拍摄风格，摇臂摄像师就要根据文艺节目的特点，选择相应的运动方式和运动节奏，通过摇臂独特的运动轨迹将文艺节目的舞台、灯光以及精彩的歌舞节目完美地表现出来。目前，一般大型文艺晚会中常使用两台以上摇臂摄像机。

图8-19 文艺晚会使用的摇臂

以两台摇臂摄像机为例：一台放置在台前，主要拍摄台上的演员；另一台放置在观众席或高于观众席的位置，主要拍摄带观众的全景镜头，充分展示大型文艺晚会的气氛以及宏大的场景。为了尽可能拍摄到舞台上的各种精彩镜头，台前摇臂设备要尽量靠近台口，放在舞台两侧。在这种情况下，摇臂更能突破固定机位拍摄的局限性，全方位抓拍演员的精彩表演。两台摇臂的搭配使用，能使晚会的画面更大气，镜头语言更丰富，视觉冲击力更强。

摇臂摄像机在文艺晚会中的作用主要表现在三个方面：一是它可以反映出演员动作和队形的变换，构成富于感染力的各种精彩镜头，使音乐节奏与演员的表演能更好地融合（这需要摇臂摄像师通过良好的艺术感觉和精确的操控来实现）；二是摇臂摄像机经常采用越过演员背面拍摄观众的反打镜头，这种反打的表现手法增强了画面的冲击力；三是利用各种拍摄技巧，如大俯大仰的视角，极速的俯冲、推拉，细腻的局部特写，甚至整个现场宏大规模的全景展现，使画面变化更加丰富。

图8-20 观众反打镜头

在实际拍摄中，摇臂摄像师应尽可能地利用现场环境，比如现场布景、灯架等来掩饰庞大的摇臂设备对其他镜头画面的影响，尽量不要影响观众的视线以及其他摄像机的正常拍摄。

（二）摇臂在娱乐节目中的应用

现在电视台晚间黄金时间播出的节目大多为娱乐节目，这类节目即兴因素较多，节奏明快，观众互动性强。为了充分体现这类节目的特点，摇臂摄像机的运用是必不可少的。由于“身有长臂”，所以摇臂的拍摄范围大，理想角度可接近360度，不但可以拍摄普通固定机位的全景、近景等，还可以捕捉到其他摄像机无法拍摄的细节镜头以及各种俯拍、仰拍镜头，从而更好地满足受众多角度观看的欣赏需求。在娱乐节目中，摇臂丰富的运动轨迹可将现场的气氛与节目的内容融为一体，如节目开场和环节的转换、违反受众观看心理的移动广角镜头等。总之，摇臂摄像的手段和方式很多，关键在于推陈出新，符合节目的特点和需要。

（三）摇臂在谈话节目中的应用

相对于其他电视节目来说，谈话节目的拍摄比较简单。谈话节目以固定机位的分切为主，摇臂镜头主要用于运动全景的拍摄。如果拍摄轨迹运用得当，就能增加现场感和可看性，使画面语言更加丰富。在谈话节目中，摇臂设备一般设置在与台口成45度角的位置，这种设置能够在拍摄过程中把舞台和观众席紧紧联系起来，对节目现场和观众席进行全景拍摄，加强节目与观众的互动。摇臂摄像机的摆放位置并不是固定的，摄像师只有让摇臂运动的节奏和谈话节奏保持和谐一致，并根据现场情况和节目内容灵活运用镜头，才能体现出摇臂的价值和灵活性。

在谈话节目中，摇臂的使用比固定机位少，但偶尔也会使用，以拍摄运动全景。除台口外，摇臂也可架设在观众席侧后方，这样既能交代环境，营造现场感，也可以避免对现场观众产生影响。在演播室狭小的空间内，摇臂亦可配合轨道使用，在谈话节目本身静止镜头较多的情况下，增强画面的运动感，丰富镜头语言。

图8-21 谈话节目使用的摇臂

（四）摇臂在体育节目中的应用

体育节目使用摇臂的情况十分普遍，摇臂天生的移动性与体育节目的特性十分契合，球的运动轨迹呈现、主席台的情况描述、运动员的跟踪拍摄、现场观众激动的呐喊助威的场面反映等，都需要摇臂拍摄来配合。“由于不同的体育运动各有不同的运动特点，因此摇臂摄像师应熟知各种运动的特性，这样才能根据不同运动的特点采用相应的拍摄技术，将运动场面生动地展现在观众面前。”如足球比赛可使用德国的ABC大型摇臂，一般架设在球门后45度角的位置；篮球、排球等项目因占用空间相对较小，可使用英国主要针对小型运动项目的Polecam摇臂。注意因为空间较小，所以这种摇臂的架设和拍摄不能伸进球场边界。

图8-22　体育节目使用的摇臂

（五）摇臂在专题片、形象片中的应用

随着观众欣赏水平的不断提高，电视节目制作水平也要相应提高。因此，现在越来越多专题片、形象片在拍摄时大量使用摇臂。摇臂摄像独有的优势，使得专题片、形象片的画面更加精彩丰富。专题片、形象片要根据拍摄的内容和需求合理地使用摇臂，由于摇臂的安装和使用受到拍摄场地的限制，所以在使用摇

臂拍摄前，摄像师一定要仔细观察拍摄现场，确定拍摄位置，制定拍摄方案。尤其在拍摄形象片时，摇臂更能展现它的魅力。形象片通常包括频道的形象片、节目的形象片、某个特别晚会的形象片等。由于这类电视片要在很短的时间内表达丰富的内容，所以画面剪切的节奏必须很快。固定机位拍摄的镜头无法满足这样的要求，而摇臂摄像以丰富的角度、灵活的动感、明快的节奏以及构图的多样性，可以让简短的形象片在相同的时间内呈现更强的视觉冲击力和艺术感染力。

总之，摇臂摄像是一门“摇”的艺术，要求摄像师不断地总结、不断地挖掘它的潜力，充分发挥自身的艺术才能，使摇臂摄像“摇”出更多的精彩，“动”出耀眼的光芒。

图8–23 专题片使用的摇臂

第二节 轨道机器人

轨道机器人即小摇臂和移动轨道的结合体（见图8-24），摄像师可以通过控制面板或控制软件精确操控摄像机的升降移动以及镜头的推、拉 、摇、移和聚焦、变焦。

图8-24　轨道机器人

随着科技的进步，广播影视产业获得了突飞猛进的发展，观众对影视作品的要求越来越高，迫使从业者不得不在内容选题、拍摄手法和作品制作形式上寻求更大的突破。除了固定机位外，一些特殊的拍摄手法也越来越多地出现在节目中。比如摇臂升降拍摄、轨道机器人运动拍摄、虚拟植入技术拍摄、无人机航拍、水下拍摄、飞猫拍摄等。这些特殊的拍摄手法可以为制作者在电视节目制作过程中增加更多的创作元素。

在众多的拍摄设备中，轨道机器人越来越为人们所重视。它将小摇臂和移动轨道两者结合起来，既可以拍摄简单的升降镜头，又可以拍摄移动镜头。它还有一项强大的功能，就是可与虚拟植入技术配合，带来虚实结合的效果。正是因为轨道机器人能提供如此丰富的镜头语言，所以受到众多传媒工作者的喜爱。近些年，它已被各种节目争相使用。

一、轨道机器人的构成

一般来说，轨道机器人由五部分构成，分别是：主机和监视器、轨道和移动轨道车、数控云台、手柄控制器、脚踏板控制器。

（一）主机和监视器

这一部分可以在监看本机信号的同时监看节目视频信号（PGM）。它的触控式触摸屏不仅可以对镜头的变焦和聚焦参数进行自定义设置，还可以设置轨道车的行驶速度和行驶方向的参数。除此之外，小摇臂的俯仰角度、运动方向的参数、虚拟技术的参数也是通过触摸屏来调节的。这些细致入微、方便快捷的设置可以让摄像师拍摄的镜头效果更加连贯一致。

图8-25　主机和监视器

（二）轨道和移动轨道车

根据不同的拍摄需求，移动轨道车会铺装不同形状的轨道，如弯轨、直轨，以及弯轨加直轨的组合。轨道和车之间有电子感应，通过之前对轨迹的设置，轨道车会自动识别轨道模式。操作者也可以根据需要对轨道车的行驶速度进行调整，程序会自动计算轨道车从静止到最快速度的时间，以及最快速度到静止的时间。这些基础设置可以使机器人在运动时更加专业和规范。

图8-26　轨道和移动轨道车

（三）数控云台

这一部分也可以进行系统参数的设置。通过触控式触摸屏对摄像机的摇移和俯仰角度进行设置以后，使用者就可以在控制终端用轻微的调整，完成摄像机大范围的俯仰摇移效果展示。

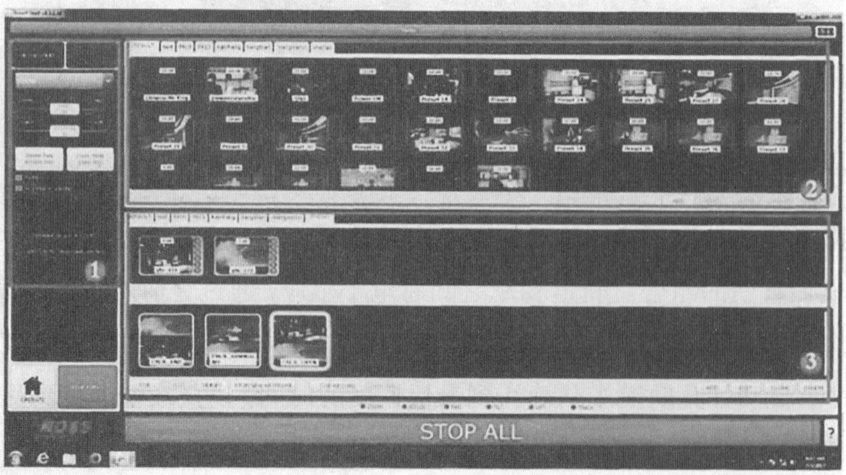

图8-27　数控云台

（四）手柄控制器

它主要是依据设置好的镜头参数对镜头变焦和聚焦进行控制操作，同时它负责控制小摇臂的升降。值得一提的是，手柄控制器可以根据个人使用习惯把设置好的数据指派到功能键上。别看这个小小的手柄，它可是“麻雀虽小五脏俱全”，功能十分强大。

图8-28 手柄控制器

（五）脚踏板控制器

这一部分的操作可以算是最简单的，它根据触控式触摸屏设置好的参数，控制轨道车的移动方向。

二、轨道机器人的关键技术

为了给观众带来更好的视觉盛宴，满足观众更高的感官体验标准。一档成功的电视节目在拍摄过程中，要运用丰富的镜头语言，多机位、多角度、多种拍摄手法来完成。现在，有了轨道机器人，这一切变得容易很多。首先，轨道机器人可以对摄像机的拍摄数据进行自定义设置，包括聚焦设置、变焦设置、俯仰设置、轨迹设置、升降设置、虚拟参数设置等。在不同的节目中，摄像师可以根据不同的拍摄对象及取景要求，设置相应的运动数据，并把它记录下来，再储存到预置项，以便在拍摄过程中按照场景和动画需求，随时调取使用。然后，轨道机器人有一套轨迹控制系统，它可以记录A 点到 B 点的运动轨迹，点击循环选项，它会沿 A 点到 B 点的运动轨迹对对象进行循环拍摄。这一功能可以使一档节目的开场、转场，甚至结尾的取景效果保持完全一致。最后，轨道机器人的虚拟轨道系统，通过遥控跟踪定位与植入虚拟三维场景相结合，使摄像机景别与虚拟三维场景达到同步变化，以此实现虚拟场景与舞台实景的完美结合，给观众带来更具有视觉冲击力的逼真镜头效果。

三、轨道机器人的作用

轨道机器人操作简单便捷、支持多种节目应用，可以根据节目形式、场地的特点，提供多种长度、不同弧度的轨道设计，并根据实际场地来安装，以获得导演要求的镜头感觉。在使用与操作方面，轨道机器人具备全功能的遥控能力，支持多轴同时操作。机器人的前进和后退、摄像机漂移、摇臂旋转可以由摄像师独立完成。摄像师可利用多轴同时操作，进行多种画面拍摄。机器人在轨道操作段运用仿真技术，模拟三脚架的方式，使摄像师可以专注拍摄和构图制作，使画面更具观赏性。 另外，手柄控制器有快速切换的功能，随着节目方式、节奏的变化可以随时调整车速。比如现在正在用慢速节奏拍摄一个镜头，当镜头拍摄完通过一键切换，即可使车速达到最快，避免穿帮。

轨道机器人在节目录制过程中的主要作用有以下几点：

第一，轨道机器人拍摄手法灵活多样，不仅可以移动拍摄，还可以俯仰拍摄。它可以在有限的时间内精确流畅地完成摄像机的所有操作，包括摄像机的升降移动以及镜头的推、拉、摇、移和聚焦、变焦等。

第二，轨道机器人可以自定义设置拍摄数据。使用者通过触控式触摸屏可以对变焦的速度和变焦的平滑度进行参数调整，也可以自定义聚焦的参数范围。除了以上参数设置，轨道车的运行速度、摇臂的摇移方向、镜头的俯仰方向等都可以根据使用者平时的习惯进行设置，并且储存记录下来，根据不同节目需求随时调取使用。

第三，轨道机器人能够记忆运动轨迹。使用者通过调整相应轨迹，可以对某一初始点到某一终点的运行时间、运行速度、旋转角度、焦距等进行设置，设置成功后可以使画面在同一需求下拍摄效果保持一致。

第四，轨道机器人是用数字电脑远程控制的，不像传统轨道车拍摄，需要靠人力来协助，很难掌控速度。轨道机器人在电脑远程控制下，可以保持匀速前进，摄像师不仅可以自己进行拍摄，也可以控制轨道车的运行轨迹。

因此，轨道机器人适合各种节目的拍摄，它将摇臂功能和移动轨道结合起来，使摄像师能从更多角度拍摄画面，同时调节速度，方便导播切换画面，为节目增加丰富的场景。

四、轨道机器人在各类节目中的应用

轨道机器人在节目的实际运用中，首先要考虑和设计的就是轨道的铺设。根据节目需求及环境条件，轨道可以平铺在地面上，可以垂直安装或钉在墙上，也可以通过支架支起来。我们安装的时候，要尽可能因地制宜，保持轨道基础的平衡。建议大家提前设计镜头，跟舞美进行沟通，尝试地面安装和架空安装，做各种镜头的拍摄。另外，轨道机器人支持摇臂的安装，制景的时候可以适当做一些前景，增加场景的美感。铺设过程中，注意保护电缆。由于轨道机器人运动的时候通过有线连接，因此可以在地面铺设平滑的塑料布对电缆进行保护，甚至可以专门给电缆做一条移动轨道。铺设轨道还必须考虑缓冲区和停靠区，保证工作时机器人不至于冲出轨道，以及导播切换时不至于穿帮。

常见的铺轨方式有L形和U形轨道安装。安装L形轨道一是为了兼顾演员拍摄，二是为了完成移动过程中过肩的拍摄。U形轨道安装则是受限于节目形式和场地，围绕演播室进行环形的安装，以达到特殊的拍摄要求。图8-29是一场音乐会转播，指挥背对观众，所以架设多机位有一定的难度，而通过轨道拍摄则可以解决这个问题。还有一种轨道放到地面，通过舞美的结构架到空中，通过图8-30可以看到专门为轨道做的第二层通道。

接下来，我们将通过一些具体的实例让大家更加直观地了解轨道机器人在各类节目中的应用。

图8-29 音乐会轨道安装

图8-30 第二层通道

（一）轨道机器人在综艺晚会节目中的应用

在2017 年第八届北京影响力的拍摄现场，舞台的正前方就有轨道机器人的身影。在开场舞蹈表演中，表演者部分近景画面的俯仰拍摄，以及画面流畅连贯的从左到右的水平移动镜头，都是出自轨道机器人之手。与此同时，在本场晚会中，轨道机器人还负责拍摄主持人和获奖嘉宾的部分镜头画面。摄像师通过升降、俯仰、横摇、变焦、聚焦以及移位等多种拍摄手法，使轨道机器人的功能得以全面发挥，呈现出更加多样的拍摄效果，给观众带来更丰富的视觉感受。

图8-31 综艺晚会使用的轨道机器人

2017 年北京榜样颁奖典礼开场歌曲《北京榜样》中的第二个镜头，近景别从左到右的水平移动镜头就是轨道机器人的杰作。如果用传统的拍摄方式，舞台前方就要有多个固定机位，导播要在众多镜头之间不停地交替切换，寻找最佳取景镜头。如今，一个轨道机器人就可以做到多镜头、多角度、多轨迹的交替切换拍摄，全方位展示主持人、颁奖嘉宾以及获奖嘉宾的风采。

图8-32 轨道机器人拍摄近景

在2018年北京卫视跨年晚会中，伴随着一曲《一千年以后》的音乐响起，摄像机镜头由赞助商的汽车模型缓缓移动到主唱嘉宾的远景镜头，此时轨道机器人出色地完成了舞台之间的转场拍摄工作。在本场晚会中，轨道机器人的任务是拍摄三个舞台间的转场工作，但因为舞台空间的局限性，它在拍摄舞台转场远景的同时，又挑起了中场观众互动的近景及特写的拍摄重任。

以2013年春晚为例，这一年的春晚的舞台艺术效果达到了非常高的水平。为了方便调度和操作，结合场地特点与台里要求，轨道被安排在水池下边。直轨铺设了12米，左侧的弧形轨铺设了5米。弧形轨既可以拍摄过肩画面，也可以做缓冲区。整个轨道跨度区域非常大，从舞台左侧下方跨到右侧观众区。以单人歌唱节目为例，拍摄运动舞台的时候，镜头可以随着音乐的节奏慢慢走，给人非常舒服的感觉。在两位歌者合唱的节目中，镜头通过运动拍摄使两位歌者之间的

图8-33 轨道机器人转场拍摄

交接画面更为流畅，并让大家清楚地看到舞台结构，包括两位歌者的位置。由于这次春晚增加了水幕元素，为了展现理想的效果，水幕也是通过轨道机器人拍摄的。水幕离轨道车非常近，镜头根据音乐的节奏调整速度，画面唯美而协调。另外，由于前边有水池，这种移动拍摄水幕的方式正好表现出人物倒影的感觉。

图8-34 水池边的轨道机器人

（二）轨道机器人在体育节目中的应用

由于体育比赛的特殊性，轨道拍摄系统在这类节目制作中可以大放异彩。虽然轨道机器人速度一般只能达到每秒7米，但它可以让我们在拍摄体育赛事时找到更多的角度，尤其是特殊位置的抓拍。比如在足球比赛转播当中，把轨道机器人放在球门后边拍摄，观众就能通过这种特殊角度找到射门的感觉。而且由于可以遥控，所以轨道机器人不至于威胁摄像师的安全。另外，现在还有一种高速电动轨道车（电兔子），速度可达每秒12米。关于电缆的来回移动，由于它是轨道电缆加链的，因此能保证轨道移动得非常流畅。

图8–35　体育比赛中的轨道机器人

请看一个龙舟赛的案例。龙舟赛除了拍摄比赛镜头外，还要拍摄风景。考虑到因地制宜（水上），导播团队特意在水面铺设了3米宽的栈道，并在拍摄镜头中通过飞猫镜头（索道摄像）切到轨道机器人跟拍镜头，这样可以大大增加观众的现场感。图8-36是轨道机器人正在工作的画面，考虑到环境、湿度、温度等因素,实测速度为每秒五六米。

图8-36　龙舟赛中的轨道机器人

（三）轨道机器人在访谈节目中的应用

图8-37是某议会选举的直播画面，整个拍摄采用航拍器、轨道机器人技术与虚拟技术相结合。座椅上的颜色会根据票数和选情随时变化，直播时画面左上角的地图、选情表、主持人之间的互动操作都是通过虚拟技术做出来的。例如有一段片花，由航拍器从屋外拍到屋内议会厅，再切换到轨道机器人拍摄。轨道拍摄有镜头的变焦，有虚实的结合，从而使画面非常丰富。另外，整个议会厅分为两个部分，右边是议事厅，左边是城市厅，导播利用摇臂轨道拍摄系统，以及虚拟技术使两个区的主持人互相沟通，达到了非常完美的效果。

图8-37　某议会选举直播画面

近年来，轨道机器人的身影频繁出现在各类节目中，可见大家对它独特的拍摄视角以及丰富的镜头展现能力越来越认可。然而，要使画面效果更加绚丽多彩，我们不能只依靠轨道机器人的高性能，也要依靠自身精湛的技艺。只有二者默契结合，才能使轨道机器人发挥出强大的拍摄效果，为观众呈现完美的视觉盛宴。

本章小结：

电视艺术是镜头前的艺术，摇臂拍摄和轨道机器人丰富了电视节目的艺术话语，给观众带来新的快感和美感。目前，我国的摇臂拍摄水平和轨道机器人的功能尚在不断发展之中，还需要传媒工作者不断探索，进一步掌握拍摄规律、拍摄技巧，在技术中体现艺术，实现技术和艺术的完美结合。

灵活多变的摇臂拍摄技术增强了节目的立体感，为观众带来了视觉冲击和视觉享受，成为电视行业重要的拍摄技术之一。摇臂拍摄技术减少了人们对固定摄像设备的使用，简化了传统的拍摄流程，减少了人力、物力、财力的投入，在为传媒行业节约成本的同时提高了工作效率。

当前，虽然摇臂拍摄技术和轨道机器人依旧存在一定的技术局限性，但随着科技力量的发展壮大，它们也会不断完善，并朝着更加智能化、科学化、自动化、数字化方向发展，促进传媒行业更上一层楼。

思考题：

1. 摇臂由哪些部分组成？
2. 摇臂的作用是什么？
3. 轨道机器人在综艺晚会中可以发挥什么作用？
4. 试举一个体育节目运用轨道机器人的实例。

附：

Hairwer（海勒威尔）EFP680A 一体化移动导播系统

说明：

21 世纪以来，EFP 多机位节目制作模式被广泛地应用在各类电视节目制作中。但是由于 EFP 制作过程的设备结构具有多元化特点，使得移动制作存在设备搬运、架设、组接等方面的困难。

近年来，一体化导播系统的出现为解决上述难题迈出了成功的一步。Hairwer（海勒威尔）一体化移动导播系统就是其中的一款产品。它的功能比较完善，技术性能较好，操作方便，价格适中。我校经实践应用，认为它比较适合高等学校的应用与教学，因此，本教材附上对该设备的基本介绍，以供大家参考。

在电视节目制作及现场摄录领域，集成系统的应用早就形成了标准的操作规范。随着技术的发展，新的设备不断出现，但是现场节目制作的基本原理却不会改变。在演播室基本原理的基础上，人们组合出实用、方便、经济和高品质的一体化移动导播系统。这个系统是将一般现场节目制作需要的主要设备：切换台、监视器、TALLY指示灯、通话系统、视频/音频分配器、硬盘录像机整合在一个机箱上，让现场作业变得轻松便利，更适合机动性高的现场作业环境。运用移动导播系统作业的流程简单又省时，导播团队只要轻松将影像信号连接好，即可迅速开展现场导播工作，不用配置复杂的线路，彻底解决了以前杂乱无章的

（拼台子）问题。一体化移动导播系统适合现场多摄像机单人或多人切换及录像用，如电视台现场直播、政府会议直播、课程节目教室现场录像、说明会、会议影音记录，等等。

一体化移动导播系统的优点：

（1）线路均在机箱内，可防止外力等意外造成配线脱落或接触不良。

（2）提供安全及稳定的电源，可利用车用及发电机的电源，提供给现场器材使用。

（3）导播机均有专业的固定位置，不会因操作不当或者碰撞移位影响导播人员作业。

（4）屏幕可调整角度，可调整至最佳视角。

（5）机箱左右均有安全防护措施，可保护所有器材的安全。

（6）内部已经连接导播机与屏幕录像系统的线路，整齐且传输安全，不会造成干扰。

（7）可随时进行移动作业，室内室外皆可使用。

（8）所有线路均已配线完成，可节省现场安装架设线路时间。

（9）铝制飞行箱柜无木制品，并有泡棉隔离，耐震、耐摔及防碰撞，环保耐用。

（10）使用耐落螺丝固定所有器材，可防止螺丝震落导致器材掉落。

（11）底部滑轮设计，一个人即可独自搬运。

系统概况

EFP680A系列摄像机光纤系统是一套可以让外拍ENG摄录一体机衍生出EFP演播室摄像机具备的所有功能的配套系统设备。

EFP680A系列摄像机光纤系统是为了让ENG摄录一体机替代演播室摄像机，实现一机两用功能而特别开发的摄像机EFP光纤信道应用系统。

传统的EFP多信道现场制作系统使用的是EFP演播室摄像机，例如SONY-HDC1580演播室摄像机等。此类摄像机的机身上没有信号录制部分，它的SDI信号是通过摄像机光缆传输到后端的CCU（Camera Control Unit，摄像机控制单元）和切换台及录机连接的，所以它是演播室专用的摄像机，只适合固定在演播室或转播车上使用。

因为演播室摄像机的价格非常昂贵，用多台演播室摄像机构建的EFP系统就更加昂贵，高昂的造价让很多有迫切需要的电视台和导演无力承受、望而却步。

ENG摄像机EFP光纤信道应用配套系统的推出，成功地解决了这一难题。它可以让外拍ENG摄录一体机衍生出演播室摄像机的所有功能：拍摄信号和返送信号的光纤传输，CCU的光圈控制，白平衡、黑平衡调整等诸多功能；实现导播通话、TALLY指示；同时还可以通过演播室摄像机专用光缆给摄像机远程供电，从而使用外拍ENG摄录一体机替代演播室摄像机成为可能。

这种解决方案最大的特点就是同一批ENG摄录一体机实现了一机两用，白天作为ENG外拍机用于新闻采访，晚上与EFP680A系统配套演变为EFP演播室摄像机，用于转播车或箱载式EFP现场制作系统直播晚会或制作综艺节目，很好地解决了转播车或箱载式EFP系统配置专用演播室摄像机投入高而使用效率不高的难题。

EFP680A系列摄像机光纤系统主要是由安装在转播车或者航空箱内的摄像机光纤基站和安装在摄像机扣板上的摄像机光纤适配器组成的。配套使用海勒威尔自行开发的具有快速连接的插拔自锁功能的T8S光缆系统。T8S光缆系统包括一个单模光纤插芯、两个高压电源针芯和两个信号针芯。

附图1　EFP680A一体化移动导播系统简图

EFP680A系列摄像机光纤系统就是在T8S光电复合缆提供的连接下，对摄像机视频、锁相、导播通话、返送视频、TALLY、摄像机REMOTE控制这一系列信号进行光纤传输，同时实现对摄像机远端供电。从而使得日常使用的ENG摄像机具备EFP演播室摄像机的功能，完成演播拍摄工作。

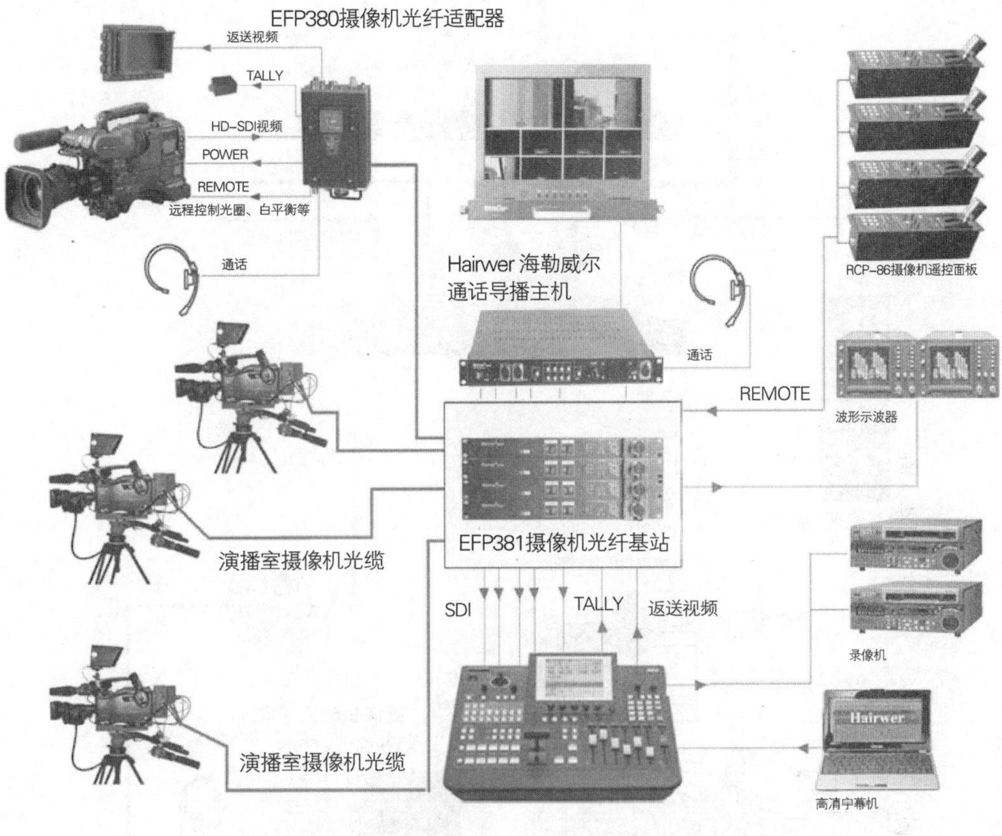

附图2　四信道EFP680A光纤系统构成图

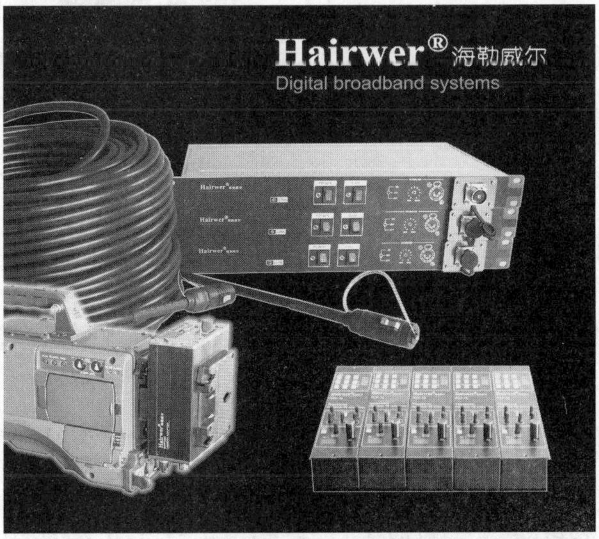

附图3　CCU系统

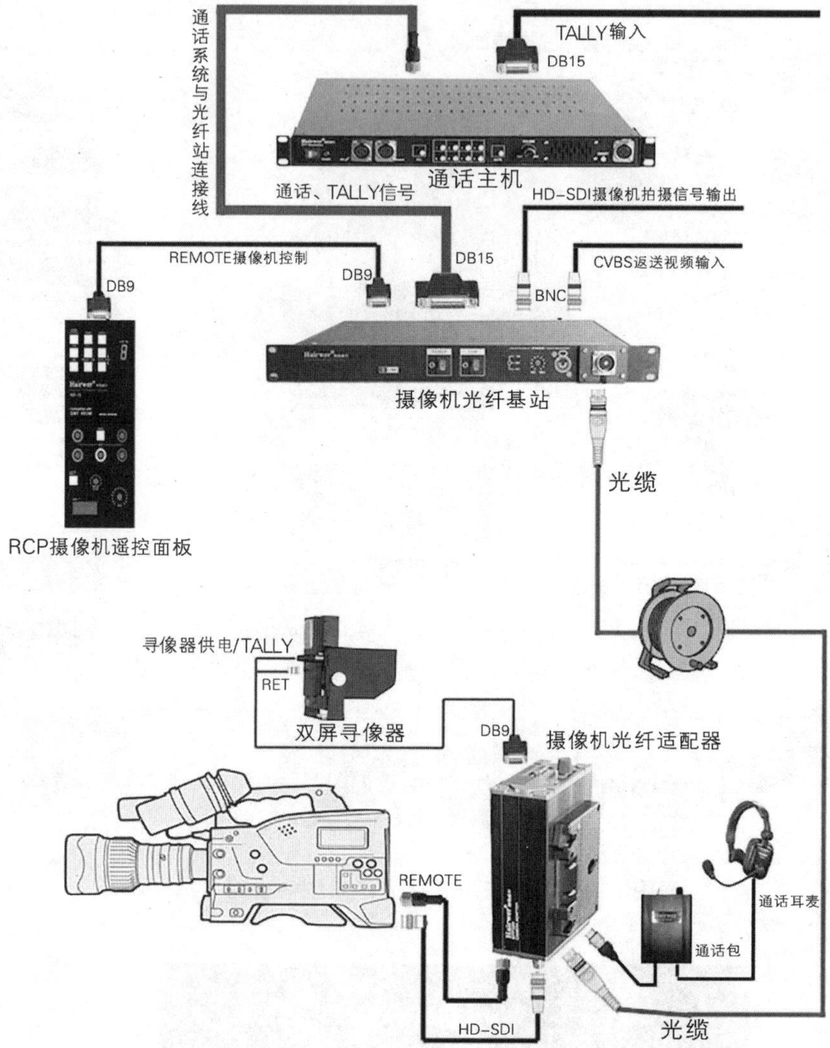

附图4　系统连接示意图

EFP680A 摄像机光纤适配器

EFP680A摄像机光纤适配器是目前业界较先进、性价比较高的摄像机EFP光纤适配器。

EFP680A摄像机光纤适配器是一款经过精密设计、高精度制造的专业演播室设备。

EFP680A摄像机光纤适配器在一块近BP电池大小的体积内集成了通话子机、TALLY控制、HD-SD/SDI信号的电口信号处理和光纤传输、返送信号的光纤传输、遥控面板REMOTE信号的调制收发和摄像机远程供电的线缆稳压补偿处理。

附图5 EFP68OA摄像机光纤适配器

EFP680A摄像机光纤适配器内部配置了世界一流的DC-DC电压稳定部件。即使通过200米以上的远程供电，也能始终恒定输出13V的直流电压。最难得并且领先业界的是它可以提供高达60瓦的大功率输出。所以，它除了给大功率专业摄像机供电以外，还配制了大寻像器的供电接口，可以给演播室专用的大寻像器及大型TALLY灯等设备供电。

为了便于连接寻像器，返送视频、TALLY、寻像器供电综合接口（DB9）也设计在了上面板的位置。

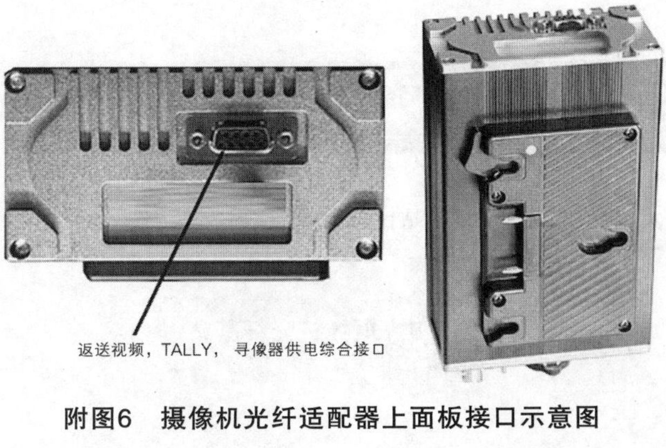

附图6 摄像机光纤适配器上面板接口示意图

在摄像机光纤适配器的下面板，分布了光缆接口、摄像机视频输入口、REMOTE控制、通话耳麦接口以及摄像机光纤适配器供电选择开关。

通过拨动摄像机光纤适配器供电选择开关，可对摄像机光纤适配器的供电方式进行选择。拨向电池图标方向时，为摄像机扣板电池对摄像机光纤适配器供电；拨向闪电图标方向时，为远端光缆供电。

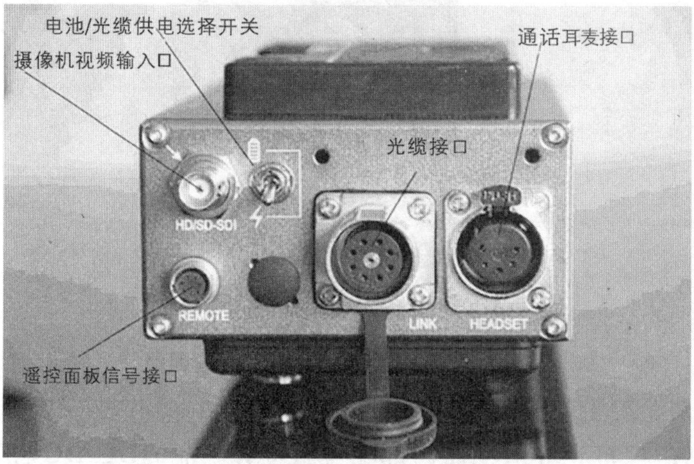

附图7 摄像机光纤适配器下面板接口示意图

EFP680A 摄像机光纤基站

EFP680A摄像机光纤基站为标准的1U高19英寸机箱设计，可便捷地安装在转播车机架和航空箱内。光纤基站同时还承担着通过光电复合缆对光纤适配器、摄像机等设备的远端供电（最高功率60W）。

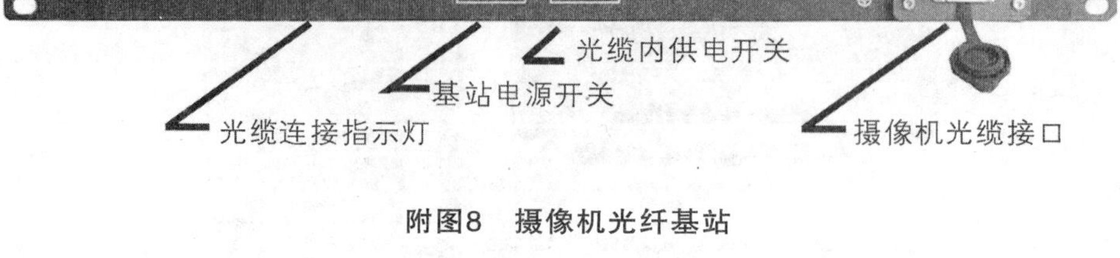

附图8 摄像机光纤基站

EFP680A摄像机光纤基站的前面板设计了“POWER”和“CAM”两个开关。“POWER”为光纤基站的电源开关，“CAM”为控制远端摄像机光纤适配器的供电开关。光缆接口可选择安装在前面板或者后面板（附图9光缆接口位于前面板）。

在确保系统内所有设备连接完成的情况下，首先开启“POWER”基站电源开关为摄像机光纤基站供电，开关指示灯同步亮起。若开关指示灯没有亮起，请检查电源连接是否正常。由于此时还没有对远端的摄像机光纤适配器供电，所以“LINK”光缆连接指示灯为闪烁状态。

打开“CAM”光缆内供电开关，开关指示灯同步亮起，开始对远端的摄像机光纤适配器供电。此时的“LINK”光缆连接指示灯为常亮状态，表示光纤链路连接正常。若“LINK”光缆连接指示灯仍为闪烁状态，请检查光缆是否连接正常。

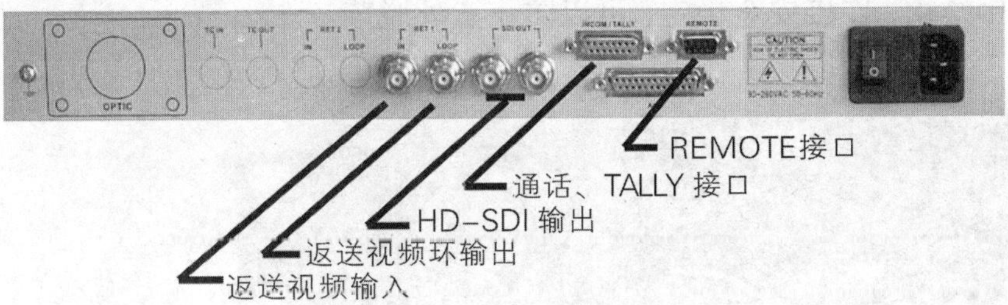

附图9 光纤基站后面板信号连接端口

EFP680A摄像机光纤基站的后面板拥有接收摄像机光纤适配器传送过来的两个HD-SDI输出口，这两个HD-SDI输出口的信号输出是完全一致的，足以应对系统的接口需求。同时，后面板还拥有返送视频的输入和环出接口、连接通话主机的通话和TALLY接口、连接摄像机遥控面板的REMOTE接口和一个AUX辅助接口。

T8S 组合式摄像机光缆

T8S组合式摄像机光缆是专为EFP应用开发的轻便组合光缆。它在完成视频、通话、TALLY、REMOTE等所有光信号传输的同时，还可以利用组合光缆内的电线对摄像机进行供电，满足绝大多数场合的需求。

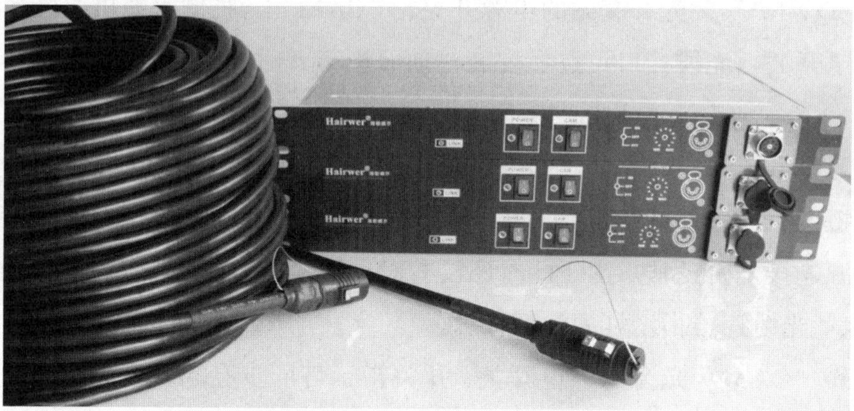

附图10 T8S组合式摄像机光缆

T8S组合式摄像机光缆配备了特别制造的光电一体接头。光电一体接头为简便可靠的自锁结构，连接安全稳定，可以防止意外脱落。

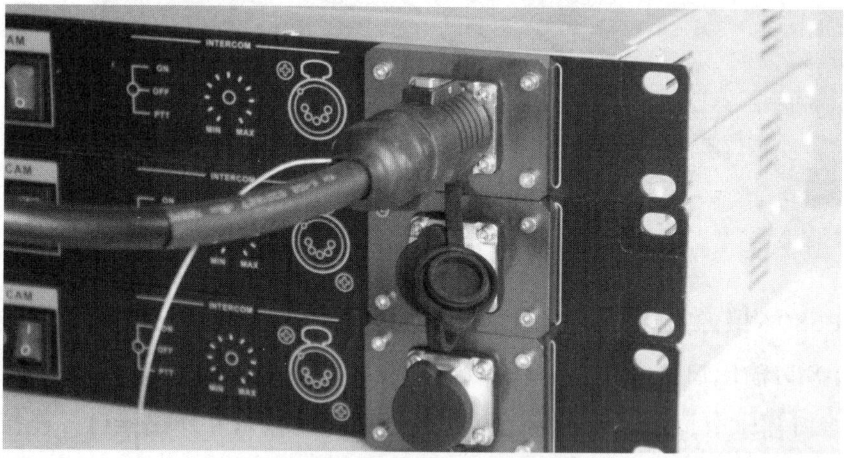

附图11 摄像机光缆接口

需要特别声明的是：在T8S组合式摄像机光缆内，HD-SDI摄像机视频、返送视频、REMOTE控制、导播通话、TALLY指示等所有信号都是通过光纤无损传输的，传送距离可以大于10公里。

T8S组合式摄像机光缆内部供电铜线直径按照美国摄影师工程协会SMPTE 311M标准制造，采用36V直流缆内供电时，供电距离为200米左右；采用180V直流缆内供电时，供电距离为3000米左右。

附表1 EFP680A摄像机光纤适配器规格

项目名称	指标
摄像机视频输入	1路 HD/SD-SDI 高标清兼容
返送视频输出	1路CVBS
寻像器供电输出	20瓦
摄像机控制接口	8芯REMOTE接口
摄像机光缆接口	T8S摄像机光缆
通话包接口	5芯XLR
TALLY接口	1路
外接电池接口	V形接口
导播通话子机	适配器内置
通话控制功能	PTT-OFF-ON
通话音量控制	旋钮1个

附表2 EFP680A 摄像机光纤基站规格

项目名称	指标
摄像机视频输出	2路 HD/SD-SDI 高标清兼容
返送视频输入	1路CVBS
返送视频环路输出	1路CVBS
摄像机控制接口	REMOTE接口
摄像机光缆接口	T8S摄像机光缆
TALLY输入接口	DB15
导播通话接口	DB15
电源输入	220V/50Hz

系统选购附件

附图12　通话主机

- 工业标准19英寸/1U机架设计，方便系统集成
- 支持1—8路通话，8路显示指示灯
- 具有外接耳机和麦克风的标准卡侬接口（可外接有源音箱，对演播室喊话，指挥群众演员，不占通话接口）
- 全双工系统，可外接耳机，音质清晰
- 系统同时传输通话、Tally信号
- 节能设计≤30w，80V-280VAC宽带自保护电源

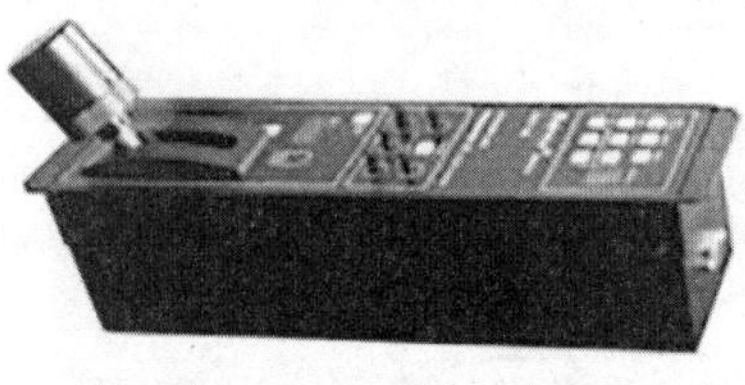

附图13　RCP摄像机遥控面板

- 推杆式IRIS手动光圈调节、AUTO IRIS自动光圈
- IRIS数码管显示光圈值
- BARS彩条
- 白平衡设置SW（A/B/PRE）
- 自动白平衡与自动黑平衡
- GAIN增益、电子快门、同步电子扫描
- MASTER BLACK主黑电平调节
- 手动黑电平R\G\B调节
- 手动白电平R\B调节

附图14　VF700双屏寻像器

- 独创高清双屏显示设计，无须切换同时显示拍摄画面和返送视频
- 大型TALLY信号显示器
- 适用于SONY 、Panasonic、JVC等公司的众多机型
- 采用专业级数字液晶面板，可视角度达170度
- 全功能信号输入接口：HD/SD-SDI、HDMI、模拟CVBS、分量Y/Pb/Pr输入
- 画面局部放大对焦，画面安全框功能
- 全屏可选择16：9 和4：3 屏幕宽高比尺寸
- 色温调节，色温选择（9300K、6500K、5300K）
- 自动色度/相位设定功能
- 高纯度色彩过滤器、高保真图像处理器
- 出色的亮度和对比度
- 精确伽玛和白平衡 - ChromaTRU彩色处理
- 多电源选择模式，DC7V-24V直流操作

RCP-75 摄像机遥控单元

RCP-75摄像机遥控单元是专为EFP移动演播箱载系统及转播车改装而设计的摄像机遥控面板。

RCP-75摄像机遥控单元保留了SONY原产控制器EFP所需要的全部功能。精简的操控区域，简单易操作。

附图15 摄像机遥控单元

在大型多机位EFP实际作业中，随着场景和灯光的变化，技术人员为防止出现画面过曝光或过暗，必须通过准确的控制才能对多台摄像机进行多变而又精确的参数调节。

RCP-75摄像机遥控单元可以实现以下功能：

1. IRIS数码管显示光圈值
2. BARS彩条
3. 白平衡设置SW（A/B/PRE）
4. 自动白平衡与自动黑平衡
5. GAIN增益，10挡调节，每挡3dB
6. 电子快门，1/25，1/60，1/120，1/250，1/500，1/1000，1/2000
7. 同步电子扫描，快门可以在1/25到1/250之间连续变化
8. MASTER BLACK主黑电平调节

附图16 摄像机遥控单元实物

10. AUTO IRIS自动光圈

11. 手动黑电平R\G\B调节

12. 手动白平衡R\B调节

附表3 按键功能说明

按键名称	按键功能
PANLE ACTIVE	面板激活键，按下后“CAM　NO”处的数码显示窗显示开始转动，此时是面板与摄像机连接状态，连接完成后，显示窗显示数值0。若显示窗显示一直转动或者无显示，则说明与摄像机连接不成功，检查控制线与摄像机或者基站连接是否正常。
BRAS	彩条键，按下指示灯点亮，摄像机输出彩条信号； 再按指示灯熄灭，关闭彩条输出模式。
AUX2	按住“AUX2”向上循环调节通道号0—9
AWB	执行自动白平衡键，按下后指示灯闪烁，执行成功后指示灯熄灭，并在摄像机寻像器上显示结果。执行不成功则指示灯长亮。
AUX1	按下循环切换相机主增益、电子快门、同步电子扫描功能。（与MAIN GAIN＋／－键配合使用，调整后结果在摄像机寻像器上显示）
ABB	执行自动黑平衡键，按下后指示灯闪烁，执行成功后指示灯熄灭，并在摄像机寻像器上显示结果。执行不成功则指示灯长亮。
PRESET/A/B	白平衡设置键，按下后对相机存储器里“PRE、A、B”三种模式进行循环切换，并在摄像机寻像器上显示调整后结果。（注意：下面白平衡、黑平衡手动调节功能只能在A或B模式下才能启用）
MAIN GAIN ＋／－	增益加/减键，用于主增益、电子快门、同步电子扫描的调节。
CAM NO	通道显示窗口，显示当前的通道号。连接状态下，显示连接状态。

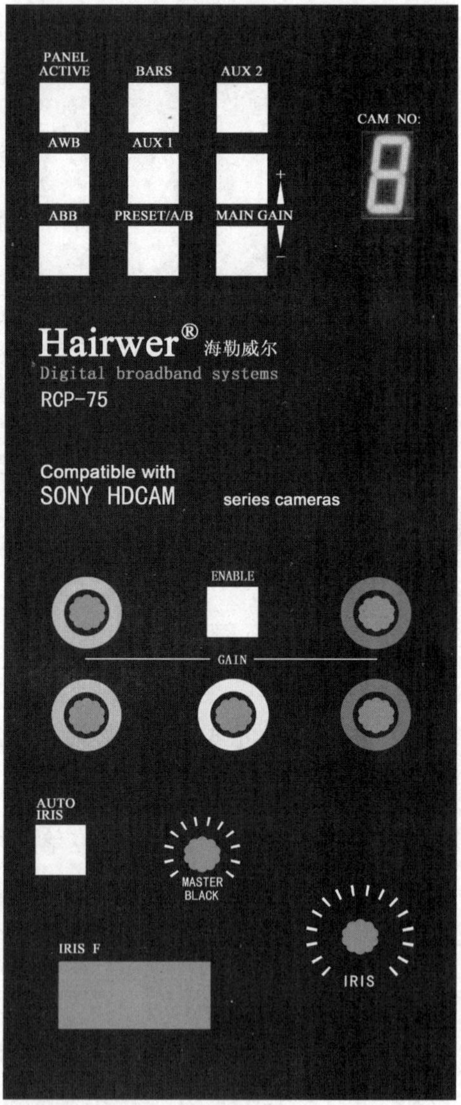

附图17 摄像机遥控单元具体功能及参数

续表

<table>
<tr><td>ENABLE</td><td>色彩调节激活键，按下后指示灯点亮，色彩调节旋钮（GAIN-R、GAIN-B、BLACK-R、BLACK-G，BLACK-B）被激活，旋转旋钮进行调节。再按下指示灯熄灭，色彩调节旋钮锁定。</td></tr>
<tr><td>GAIN-R</td><td>白平衡－红，调整旋钮。（旋钮旋转在中间电平值为0，电平在“-100 — 0 — +100”之间变化）</td></tr>
<tr><td>GAIN-B</td><td>白平衡－蓝，调整旋钮。（旋钮旋转在中间电平值为0，电平在“-100 —0 — +100”之间变化）</td></tr>
<tr><th>按键名称</th><th>按键功能</th></tr>
<tr><td>BLACK-R</td><td>黑平衡－红，调整旋钮。（旋钮旋转在中间电平值为0，电平在“-100 — 0 — +100”之间变化）</td></tr>
<tr><td>BLACK-G</td><td>黑平衡－绿，调整旋钮。（旋钮旋转在中间电平值为0，电平在“-100 — 0 — +100”之间变化）</td></tr>
<tr><td>BLACK-B</td><td>黑平衡－蓝，调整旋钮。（旋钮旋转在中间电平值为0，电平在“-100 — 0 — +100”之间变化）</td></tr>
<tr><td>AUTO IRIS</td><td>自动光圈键，按下指示灯点亮，执行自动光圈操作；再按指示灯熄灭，恢复手动光圈操作。</td></tr>
<tr><td>IRIS F</td><td>光圈值窗口，显示当前的光圈状态。</td></tr>
<tr><td>IRIS</td><td>光圈调节旋钮，在自动光圈“AUTO IRIS”熄灭状态下，左右旋转旋钮调节光圈，光圈数值显示在“IRIS F”窗口中。</td></tr>
<tr><td>MASTER BLACK</td><td>主黑电平调节旋钮、旋转调节旋钮，旋钮旋转在中间电平值为0，电平在“-200 — +200”之间变化。</td></tr>
</table>